河北省社会科学基金项目

创新驱动河北省经济升级转型问题研究

牛建广　高春艳　索贵彬　著

北　京
冶　金　工　业　出　版　社
2019

内 容 提 要

本书以技术创新理论、区域经济理论、产业经济理论和生态文明理论为指导，以经济发展“新常态”和京津冀协同发展为背景，对河北省经济发展现状、存在问题、经济升级转型路径和保障措施进行了系统研究。研究成果对于河北省加快经济发展、推进城镇化、建设小康社会，推动京津冀协同发展具有重要意义。

本书可作为相关领域研究人员及管理部门参考用书。

图书在版编目(CIP)数据

创新驱动河北省经济升级转型问题研究/牛建广，高春艳，索贵彬著.—北京：冶金工业出版社，2019.4

ISBN 978-7-5024-8094-3

Ⅰ.①创…　Ⅱ.①牛…　②高…　③索…　Ⅲ.①技术革新—影响—区域经济发展—研究—河北　Ⅳ.①F127.22

中国版本图书馆 CIP 数据核字(2019)第 064669 号

出 版 人　谭学余

地　　址　北京市东城区嵩祝院北巷 39 号　邮编　100009　电话　(010)64027926

网　　址　www.cnmip.com.cn　电子信箱　yjcbs@cnmip.com.cn

责任编辑　曾　媛　美术编辑　吕欣童　版式设计　禹　蕊

责任校对　李　娜　责任印制　牛晓波

ISBN 978-7-5024-8094-3

冶金工业出版社出版发行；各地新华书店经销；三河市双峰印刷装订有限公司印刷

2019 年 4 月第 1 版，2019 年 4 月第 1 次印刷

169mm×239mm；7.75 印张；148 千字；114 页

49.00 元

冶金工业出版社　投稿电话　(010)64027932　投稿信箱　tougao@cnmip.com.cn

冶金工业出版社营销中心　电话　(010)64044283　传真　(010)64027893

冶金工业出版社天猫旗舰店　yjgycbs.tmall.com

（本书如有印装质量问题，本社营销中心负责退换）

前　言

技术创新是民族进步的灵魂，是国家兴旺发达的持久动力，是经济可持续发展的必然之路。国家或地区之间经济实力的比拼，从来不靠GDP，而是靠技术创新和对产业链的掌控。河北省作为经济大省，内环京津，东临渤海，区位优势显著，但河北省经济发展与环渤海区域及其他省份相比仍有较大差距。河北省经济对“粗放型增长模式”有着十分强烈的路径依赖，依靠要素投入增加的粗放型经济是河北省经济发展的主要特征。有关资料显示，河北省正处于工业化中期。河北省经济过度依赖于资源和能源的大量投入，导致资源的大量浪费和非有效配置，严重影响着河北省经济的可持续发展。河北省“十三五”规划建议提出，要深入实施创新驱动发展战略，发挥科技创新在全面创新中的引领作用，强化原始创新、集成创新和引进消化吸收再创新，强化企业创新主体地位和主导作用，支持科技型中小企业健康发展，形成一批有国际竞争力的创新型领军企业。

本书是在作者系列相关研究成果的基础上完成的，分为上下两篇，上篇题为“河北省经济发展现状和存在问题分析”。河北省产业结构呈现以第二产业为主，且传统资源型工业所占比重较大的特点。劳动力成本上升、工业结构不合理长期影响着河北省经济协调发展，而结构调整与优化问题一直是政府重视的突出问题，加快转变经济发展方式，应着力解决产业结构，尤其是工业结构的不合理问题。上篇重点研究河北省工业结构的发展趋势，认识在工业结构转型升级中存在的问题，并对河北省能源消耗结构与经济增长之间的关系进行研究，探究河北省能源消耗结构的历史变迁。下篇题为“创新驱动河北省经济升级转型”。河北省经济发展面临的唯一出路就是提升企业创新能力、价值创造能力。下篇首先分析河北省企业技术创新对经济增长的促进程度及影响作用，分析影响企业创新绩效的关键因素，提出提高企业创新绩效的路径及对策。高新技术产业是河北省经济升级转型的战略选择；下篇进一步分析河北省高新技术产业科技研发现状和存在问题，研究科技研发活动、技术创新和经济增长之间的逻辑关系，分析河北省高新技术产业科技研发投入产出影响要素，探讨提高河北省高新技术产业科技研发效率的路径和措施。

本书得到河北省重点学科技术经济及管理支持。

由于作者水平所限，不足之处在所难免，衷心希望读者批评指正。

著 者

2018 年 12 月

目　　录

上篇　河北省经济发展现状和存在问题分析

下篇 创新驱动河北省经济升级转型

上篇

河北省经济发展现状和存在问题分析

河北省正处在经济社会实现跨越式发展的关键时期，但产业结构性矛盾始终是一个突出的制约因素，工业结构的变迁表现出对国民经济发展的持续性约束。河北省经济的持续快速增长得益于工业各部门产出的增加，2000年以来，工业对经济增长的贡献率一直保持在平均50%以上的水平，因而河北省产业结构仍呈现以第二产业为主，且传统资源型工业所占比重较大的特点。河北省大体上已进入工业化中期发展阶段，劳动力成本上升、工业结构不合理长期影响着河北省经济协调发展，而结构调整与优化问题一直是政府重视的突出问题，加快转变经济发展方式，应着力解决产业结构，尤其是工业结构的不合理问题。

在当前京津冀协同发展、创新驱动、绿色崛起、产业结构调整优化、压减落后产能的大背景下，合理优化工业结构、加速推进经济升级转型是河北省国民经济可持续发展的必经之路，同时也有助于提高产业资源配置效率、加速产业结构合理化和高级化。本篇以投入产出分析方法为主线探究工业结构变迁的内在机理，研究河北省工业结构发展趋势，认识在工业结构转型升级中存在的问题，提出河北省工业结构转型升级优化时机、路径及相应对策，明确工业发展的重点领域，对实现河北省经济、社会和环境可持续发展具有重大意义。

能源是国民经济发展的基础性资源。河北省能源储量虽然较为丰富，但人均能源储量匮乏，河北省自身的能源供应远不能满足经济社会发展的需求。目前，河北省处在加速工业化进程的关键时期，能源的高消耗、高污染、低效益等粗放型经济增长方式对环境和资源造成了巨大压力，因此，有必要对河北省能源消耗与经济增长的关系问题进行深入研究。

1 河北省工业结构变动趋势分析

1.1 河北省产业结构变动趋势分析

1.1.1 河北省产业结构变动走势

改革开放以来，河北省经济快速发展，全省地区生产总值从 1978 年的 183.06 亿元上升到 2014 年的 29421.2 亿元，年平均增长率达 14.71%，增速高于全国平均水平，同时，三次产业呈现出不同程度的发展走势。2014 年三次产业构成比为 11.7∶51.1∶37.2，较“十一五”末的 2010 年相比，第一产业比重继续下降，第二、第三产业则有不同程度的涨幅。通过对河北省 1986—2014 年 GDP 增长和产业构成变化进行汇总，可以总结出河北省产业结构变迁的走势特征（见附表 1、图 1-1）。

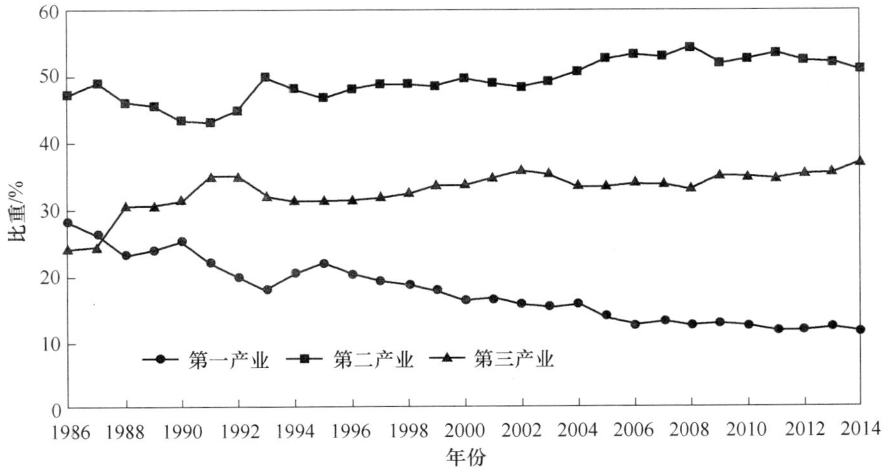

图 1-1　河北省三次产业所占比重变化走势

从 GDP 变化来看，河北省人均 GDP 从 1986 年的 782 元增长到 2014 年的 39846 元，年均增长率为 14.52%，而同期的 GDP 年均增长率为 15.62%，人均产值增长相对缓慢。从三次产业结构变化来看，三次产业构成比从 1986 年的 28.27∶47.47∶24.26 演变为 2014 年的 11.7∶51.1∶37.2，从图 1-1 中也可以看出第一产业比重持续下降，而第二、第三产业比重均呈增长态势，其中第二产业比重呈波动增长走势，但比重仍然保持在50%以上的水平，而第三产业保持稳定的增长走势，且增长速度最快。三次产业结构的变迁反映出河北省经济结构已发生深刻变化，以现代服务业为主的第三产业发展迅速，而以工业为主的第二产业受国家政策、节能减排、淘汰落后产能、结构调整等因素影响而面临转型升级。第二产业中工业所占比重一直保持在90%左右，表明以工业为主导的产业格局在短期内仍将持续。

三次产业劳动力结构也是结构分析的一个方面，在国际上通行的产业结构分析和比较中往往被用作反映产业结构变化的一个基本指标而与产值结构并列。库兹涅茨研究指出："随着人均收入水平的提高，三次产业结构会发生重要变化，第一产业比重越来越小，而第二、第三产业比重逐步增加；三次产业结构中劳动力有着同样的变化趋势。"从三次产业劳动力投入方面分析（图1-2），第一产业劳动力投入在相当一段时期内远大于第二、第三产业，进入20世纪90年代后第一产业劳动力开始持续下降，而第二、第三产业劳动力则开始稳步上升，三次产业劳动力构成比由第一产业最高的62.67：22.7：14.63（1991年）演变为2013年的33.57：34.37：32.06。按照库兹涅茨标准，第一产业劳动力依然偏高，农业劳动力多，农业劳动生产效率低，说明河北省城镇化、工业化进程缓慢，农村剩余劳动力得不到很好转移，第二、第三产业吸纳劳动力的作用有待进一步发挥。

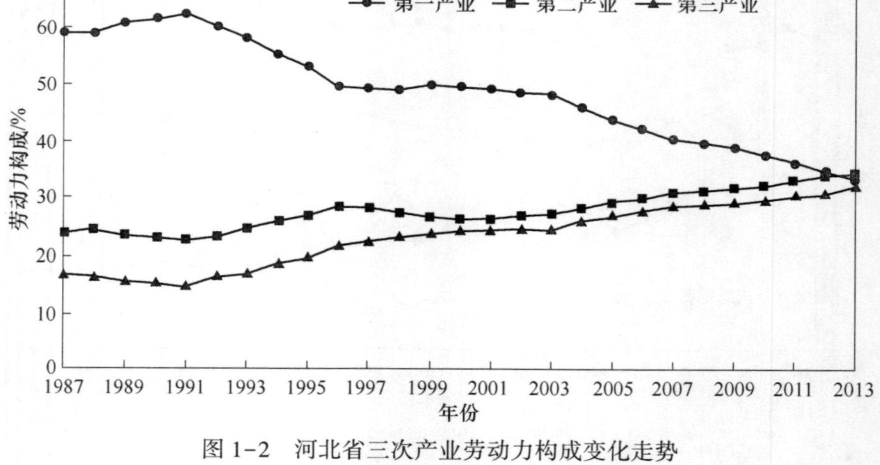

图1-2　河北省三次产业劳动力构成变化走势

1.1.2　河北省工业分类及发展走势

1.1.2.1　工业结构的界定及分类

工业结构指各工业部门之间在投入产出和空间分布上的相互关联，狭义上为各工业部门组成及其在再生产过程中所形成的技术经济联系，表现为各部门在工业总产出中所占比例的结构。如陈飞翔（2010）将我国工业各部门分类为资源密集型产业、劳动密集型产业、资本密集型产业和技术密集型产业，以此来研究我国工业结构演变的特点。而工业结构的狭义解释，仅能反映工业各部门的产出变化结构特征，难以反映工业各部门之间相互作用的关系结构以及工业各部门与外部环境之间的关系。

工业是由工业各部门组成的相互关联的动态经济系统，各工业部门间存在投入产出的直接关联，还通过对生产要素需求存在间接的相互影响。本书所指工业结构包含工业结构变动与经济增长关系、工业各部门的效率结构、工业各部门的集聚状态、工业各部门之间投入产出关联结构等。

本书所研究的工业各部门依据工业行业划分标准，并结合2012年河北省42部门投入产出表进行划分，共26个工业部门，具体为：（1）采矿业（4个）：煤炭开采和洗选业、石油和天然气开采业、金属矿采选业（黑色+有色）、非金属矿和其他矿采选业；（2）制造业（19个）：食品和烟草制品业、纺织业、纺织服装鞋帽皮革羽绒及其制品业、木材加工品和家具制造业、造纸印刷和文教体育用品制造业、石油炼焦及核燃料加工业、化学原料及化学制品制造业、非金属矿物制品业、金属冶炼和压延加工业（黑色+有色）、金属制品业、通用设备制造业、专用设备制造业、交通运输设备制造业、电气机械和器材制造业、计算机通信及其他电子设备制造业、仪器仪表制造业、其他制造业、废弃资源综合利用业、金属制品机械和设备修理业；（3）电力、热力、燃气及水生产和供应业（3个）：电力、热力生产和供应业、燃气生产和供应业、水的生产和供应业。

1.1.2.2　河北省工业发展现状分析

经过三十多年的发展，河北省工业基本形成了布局合理、规模较大、结构齐全、综合实力较强的工业体系。2013年，全部工业增加值13194.8亿元，较2012年增长9.4%，其中规模以上工业完成增加值11711.1亿元，同比增长10.0%，增长幅度有所回落。在规模以上工业中，装备制造业增加值比2012年增长14.5%，占规模以上工业的比重为19.2%，同比提高1.2个百分点；钢铁工业增长10.1%，石化工业增长4.9%，医药工业增长8.7%，建材工业增长7.6%，食品工业增长7.6%，纺织服装业增长14.2%。六大高耗能行业增加值比2012年增长6.7%，增速同比回落3.2个百分点。其中，煤炭开采和洗选业增长4.5%，石油加工、炼焦及核燃料加工业下降5.8%，化学原料及化学制品制造业增长14.1%，非金属矿物制品业增长7.7%，黑色金属冶炼及压延加工业增长8.6%，电力、热力的生产和供应业增长4.8%。高新技术产业增加值增长14.2%。其中，高端装备制造、电子信息和新能源三个领域增加值分别增长

16.3%、22.0%和10.5%。2013年规模以上工业完成固定资产投资合计16764.6亿元，同比增长7.7%。河北省基本上形成了以钢铁、煤炭、建材、装备制造、纺织、食品、医药、石油化工等产业为主导的工业体系，应当说，河北省工业经济具有良好的产业基础和综合竞争优势。从工业产品产量上看，钢材产量达到22861.6万吨，同比增长8.7%，继续保持全国第一；水泥产量达12676.2万吨，同比下降1.5%；平板玻璃产量达11836.4万吨，同比上涨8.7%，传统工业产品产量增幅显著。

2013年河北省产值最高的工业部门是黑色金属冶炼和压延加工业，产值达11974.36亿元，占比达25.85%，表明钢铁工业对河北省经济增长的重要贡献，在产值排名靠前的工业部门中，电力热力、金属制品、石油加工、化学制品等高耗能行业产出较大，这反映出河北省工业经济发展仍然依赖于资源型高耗能行业的特点，在当前产业结构调整优化、改变经济发展方式的背景下，河北省工业结构需进行合理调整，走可持续发展的道路。

1.1.2.3 河北省工业化演进过程分析

河北省工业化演进脉络大致经历了计划经济时期（1949—1978年）、经济转轨时期（1979—1991年）、市场经济建立时期（1992—2008年）和深化改革时期（2009—2015年）。

（1）计划经济时期。河北省产业结构政策主要是贯彻落实国家的产业政策，并没有符合自己实际发展情况的特色政策。建国初期，河北省工业经济较为落后，轻工业产值占较大比重，而重工业则相对落后，经过工业经济的缓慢恢复，我国选择了前苏联的经济发展模式，即建立和优先发展重工业，用重工业生产的生产资源逐步装备轻工业、农业等，逐步建立完整的工业体系。由于经济建设过程中“急于求成”的冒进错误，重工业发展过快，基本建设战线过长，导致国民经济严重失调，市场供应紧张，经济结构亟待调整。此时，中央提出了“调整、巩固、充实、提高”的方针，强调把过快的工业发展和基础建设速度降下来。而在“文革”时期，在“四五”计划中提出要建立比较独立的工业体系，首次明确提出了发展钢铁、煤炭、电力、石油、机械、化工等行业的发展规划。在长期抑轻扬重政策的指导下，形成了“重重工业、轻轻工业”的工业结构。

（2）经济转轨时期。1978年的十一届三中全会拉开了我国社会主义现代化建设的序幕，要建立以生产为导向的指导思想，建立以居民消费需求为导向的经济体系，走改革开放道路。此时，河北省国民经济开始转向调整、改革、整顿、提高的新阶段，工业结构调整主要是向轻纺工业倾斜，对轻纺工业实行“六优先”（原材料和能源供应、银行贷款、技术改造、基本建设、利用外汇和技术引进、交通运输），轻重工业比例失调的状况得到一定程度的改善。但随着改革开放的不断发展，工业企业普遍存在着技术水平落后、企业管理水平低下、产品结构不合理等问题，原材料短缺、价格上升、能源供应不足现象突出。为此，河北省提出了近期工业发展总体思路，优先改造重点行业和生产优质产品的企业，加强技术引进和技术合作。经过改革开放 10 多年的发展，河北省工业经济实力增强显著，形成了以资源型加工型产业为支柱的工业体系。这一时期，河北省在执行国家政策的同时，也根据自身的经济结构特点，制定适合河北省经济发展的产业政策。

（3）市场经济建立时期。1992 年，邓小平的南巡讲话，掀起了中国改革开放的新高潮，“十四大”明确了我国将建立社会主义市场经济体制，把经济建设的重点转移到结构调整、提高效益的轨道上。河北省以此为契机，以新的思维方式规划河北省经济发展，工业结构调整步伐不断加快。为贯彻中央经济工作精神，加快全省工业结构调整步伐，河北省研究部署了进一步做好全省工业经济结构调整工作，坚持改革与发展相结合，增量调整与存量调整相结合，在发展中调整，在调整中提高，努力推进产业结构、企业组织结构的合理化和高级化，逐步形成以高技术为主导、外向度高、结构合理的工业经济结构新格局。通过一系列的政策措施，经济发展中的瓶颈制约大大缓解，投资环境得到相应改善，但总体上，工业结构调整进展并不快，工业经济的发展依靠大量资源消耗、资金投入。1997 年，我国宏观经济形势发生了根本性变化，为了适应新形势，加快全省工业结构从适应性调整向战略性调整的转变，加速工业结构升级，河北省通过组建企业集团，促进资产的优化重组，增强了资产的运营效益。

（4）深化改革时期。2008 年全球金融危机之后，国际形势和国内市场环境发生了深刻变化。2008 年以来，从全省经济社会发展的实际出发，河北省顺应国内外产业发展趋势，贯彻落实国家产业政策，进一步提高产业集中度和综合竞争力，推动产业调整高级化，联合重组成为市场低潮下河北工业结构调整的主线，河北钢铁和冀中能源对推动河北省工业化进程意义重大。金融危机之后，国务院连续出台钢铁、汽车、船舶、纺织、石化、轻工、有色金属、装备制造、电子信息和物流产业规划，着手解决关系经济平稳较快发展、关系社会稳定的结构问题，其中的 9 大工业产业，占河北省全部工业的比重高于 85%，为了好好利用利好政策导向以加快产业结构调整优化，河北省第一时间出台具体政策加以对接。比如，钢铁工业，在进一步优化钢铁生产力布局和产业结构，在控制总量和淘汰落后的基础上，加快联合重组和技术改造升级步伐，重点以已组建的河北钢铁集团为平台，推进对其他民营钢铁企业整合改造。2014 年，河北省开始全面落实“6643”工程，即到 2017 年完成 6000 万吨钢铁产能削减任务，6100 万吨水泥、4000 万吨标煤、3600 万重量箱玻璃产能削减任务，以大力度化解过剩产能，不断深化和促进河北工业经济的转型升级。

1.2 河北省产业结构变动与经济增长关系分析

经济增长与产业结构的变化密切相关，它们互为条件，互为因果。产业结构随着经济增长和发展而变动，并且反过来作用于经济增长，产业结构作为以往经济增长的结果和未来经济增长的基础，成为影响经济发展的基本要素。在1.1节中已了解河北省产业结构变动的走势状况，三次产业中，第一产业比重继续下降，第二、第三产业则有不同程度的涨幅，大致符合现代工业化的发展进程，接下来需要进一步分析产业结构的变动对经济增长的拉动作用，及经济增长对产业结构变动影响作用。本节通过建立计量经济模型，以河北省地区生产总值GDP作为衡量经济增长的指标，以三次产业增加值作为反映河北省产业结构变动的指标，来分析河北省产业结构变动与经济增长的相互关系。

GDP和三次产业增加值（分别表示为X_1、X_2、X_3）的数据均来自《河北经济年鉴2014》，时间区间为1986—2014年，2014年数据来自《2014年国民经济与社会发展公报》，这4个时间序列数据均采用可比价格计算，单位为亿元。由于GDP和三次产业增加值是有趋势的、非平稳的，为了消除非平稳时间序列的异方差性，对这4个时间序列数据取自然对数，分别采用LnGDP和LnX_1、LnX_2、LnX_3，分析过程在Eviews内完成。

1.2.1 平稳性检验

由于LnGDP和LnX_1、LnX_2、LnX_3四个时间序列表现出非平稳性，且协整检验必须是对同阶单整序列进行检验，否则容易产生虚假回归问题，因此在协整检验之前，需要对这四个时间序列进行平稳性检验，检验序列是否平稳的方法为单位根检验，通常采用ADF检验法。ADF检验的结果见表1-1。

表1-1 LnGDP和LnX_1、LnX_2、LnX_3序列的ADF单位根检验

变量	检验类型（C，T，P）	ADF检验值	临界值（1%，5%，10%）	检验结果
LnGDP	（C，N，2）	-0.387524	（-3.670170，-2，963972，-2.621007）	不平稳
	（C，T，3）	-4.074526	（-4.309824，-3.574244，-3.221728）	不平稳
	（N，N，2）	2.598471	（-2.644302，-1.952473，-1.610211）	不平稳
ΔLnGDP	（C，N，1）	-3.924366***	（-3.670170，-2.963972，-2.621007）	平稳
LnX_1	（C，N，1）	-1.561036	（-3.699871，-2.976263，-2.627420）	不平稳
	（C，T，1）	-2.454937	（-4.339330，-3.587527，-3.229230）	不平稳
	（N，N，1）	1.816220	（-2.653401，-1.953858，-1.609571）	不平稳
ΔLnX_1	（C，N，0）	-2.998081**	（-3.699871，-2.976263，-2.627420）	平稳

续表 1-1

变量	检验类型（C，T，P）	ADF 检验值	临界值（1%，5%，10%）	检验结果
LnX_2	（C，N，0）	-2.307489	（-3.689194，-2.971853，-2.625121）	不平稳
	（C，T，1）	-1.569223	（-4.339330，-3.587527，-3.229230）	不平稳
	（N，N，1）	1.768707	（-2.653401，-1.953858，-1.609571）	不平稳
ΔLnX_2	（C，T，0）	-3.701418**	（-4.339330，-3.587527，-3.229230）	平稳
LnX_3	（C，N，2）	-2.519400	（-3.711457，-2.981038，-2.629906）	不平稳
	（C，T，5）	-2.064898	（-4.416345，-3.622033，-3.248592）	不平稳
	（N，N，1）	2.298187	（-2.653401，-1.953858，-1.609571）	不平稳
ΔLnX_3	（C，T，4）	-3.666655**	（-4.416345，-3.622033，-3.248592）	平稳

注：检验类型（C，T，P）中的 C、T、P 分别指常数项、时间趋势（N 为不包含）和滞后阶数；＊＊、＊＊＊分别表示序列在 5%、1%的显著性水平下拒绝原假设。滞后阶数基于 SC 准则。

每个时间序列分别采用三种模型进行检验，只要其中任何一个检验模型的 ADF 值小于临界值，则可以认为该序列没有单位根，是平稳序列。从检验结果看，四个时间序列的 ADF 检验值均大于 10%显著性水平下的临界值，接受存在单位根的原假设，说明 LnGDP 和 LnX_1、LnX_2、LnX_3 都是非平稳的，而经过一阶差分后的时间序列的 ADF 检验值，在包含时间趋势情况下均小于 5%显著性水平下的临界值，则拒绝存在单位根的原假设，说明一阶差分后的四个时间序列在 5%显著性水平下是一阶平稳的，即 LnGDP 和 LnX_1、LnX_2、LnX_3 均为一阶单整 I（1）序列，满足协整检验的条件。

1.2.2　协整检验

对于同阶单整的时间序列，这两个序列之间可能存在着某种协整关系，协整关系的存在意味着两者之间长期稳定的关系。由 ADF 检验可知 LnGDP 和 LnX_1、LnX_2、LnX_3 都是一阶单整 I（1）序列，两者之间存在某种平稳的线性组合，可以进行协整检验。协整检验方法有 E-G 两步法和 Johansen 协整检验法，本部分采用 E-G 两步法对河北省 GDP 和三次产业增加值四个序列进行协整性检验。

首先，对 LnGDP 和 LnX_1、LnX_2、LnX_3 四个时间序列进行普通最小二乘法估计（OLS），回归模型结果为：

$$LnGDP = 0.1805 * LnX_1 + 0.5384 * LnX_2 + 0.2811 * LnX_3 + 1.0143$$

$$(10.0399)\qquad(30.9354)\qquad(18.8539)\quad(53.3872)$$

其中，$R^2=0.9999$，F-statistic = 282242.3，D-W = 0.4909，由此可知，回归参数通过了显著性检验，回归模型拟合程度较好。

接下来要检验回归残差序列的平稳性，对回归模型的残差进行 ADF 单位根检验，如果残差序列 ε_t 是平稳的，则两个序列之间存在协整关系，反之不存在。

残差序列的 ADF 单位根检验结果见表 1-2。

表 1-2 残差序列的 ADF 单位根检验

变量	检验类型（C，T，P）	ADF 检验值	临界值（1%，5%，10%）	检验结果
ε_t	（C，N，0）	-2.083520	（-3.689194，-2.971853，-2.625121）	不平稳
	（C，T，2）	-0.592585	（-4.356068，-3.595026，-3.233456）	不平稳
	（N，N，0）	-2.116193	（-2.650145，-1.953381，-1.609798）	平稳

表 1-2 检验可以得出，当滞后阶数为 0，不含常数项和时间趋势项的情况下，残差序列 ADF 检验值小于 1%的显著性水平下的临界值，残差序列不包含单位根，ε_t 是平稳序列，这说明 LnGDP 与 LnX_1、LnX_2、LnX_3 之间存在协整关系，它们之间具有长期稳定的均衡关系，即三次产业的弹性系数分别为 0.1805、0.5384、0.2811，说明三次产业每变动 1%，就会带动河北省 GDP 变化相应的弹性系数。

1.2.3 Granger 因果关系检验

协整检验的结果表明河北省经济增长与产业结构之间存在长期稳定的均衡关系，但这种均衡关系是产业结构引起 GDP 变动的结果，还是 GDP 引起产业结构的结果，或是两者互为因果的关系？需要对 GDP 和三次产业增加值进行格兰杰（Granger）因果关系检验，即检验 LnGDP 与 LnX_1、LnX_2、LnX_3 的 Granger 因果关系。

因果关系的检验需要确定滞后阶数，根据 LR、FPE、AIC、SC 和 HQ 五个判断准则进行分析（表 1-3），得出最佳滞后阶数为 2。

表 1-3 滞后阶数判断准则

Lag	LogL	LR	FPE	AIC	SC	HQ
0	128.4159	NA	1.17e-09	-9.215990	-9.024014	-9.158905
1	243.2704	187.1704	7.85e-13	-16.53855	-15.57867*	-16.25313
2	265.5961	29.76756*	5.37e-13*	-17.00712*	-15.27933	-16.49336*

注：* 表示从每一列标准中选的滞后数。

由表 1-3 选择滞后期 2 为基准，对 LnGDP 与 LnX_1、LnX_2、LnX_3 的 Granger 因果关系进行检验，结果见表 1-4。

表 1-4 LnGDP 和 LnX_1、LnX_2、LnX_3 的 Granger 检验结果

原假设	滞后期	F 值	Prob	结论
LnX_1 不是 LnGDP 的格兰杰原因	2	1.94605	0.1667	接受

续表 1-4

原假设	滞后期	F 值	Prob	结论
LnGDP 不是 LnX_1 的格兰杰原因	2	14.2485	0.0001***	拒绝
LnX_2 不是 LnGDP 的格兰杰原因	2	0.35027	0.7084	接受
LnGDP 不是 LnX_2 的格兰杰原因	2	1.12405	0.0129**	拒绝
LnX_3 不是 LnGDP 的格兰杰原因	2	0.88831	0.4256	接受
LnGDP 不是 LnX_3 的格兰杰原因	2	6.54227	0.0059***	拒绝

注：**、***分别表示在 5%、1%显著性水平下拒绝原假设。

由表 1-4 可以看出，滞后 2 阶的前提下，“LnGDP 不是 LnX_i（$i=1, 2, 3$）的格兰杰原因”的原假设的 P 值小于 5%的显著性水平，拒绝原假设，而“LnX_i（$i=1, 2, 3$）不是 LnGDP 的格兰杰原因”的原假设的 P 值大于 5%的显著性水平，接受原假设，因此，河北省三次产业结构的变动与经济增长之间存在单向 Granger 因果关系，三次产业结构的调整优化能够有效促进 GDP 的增长，但 GDP 增长并不必然导致三次产业结构的变动，从长期来看，产业结构调整具有明显的增长效应。

1.2.4 误差修正模型

通过协整检验和 Granger 因果关系检验可知，河北省经济增长与三次产业结构之间存在长期稳定的均衡关系，且 GDP 与三次产业结构存在单向 Granger 因果关系，而误差修正模型（ECM）用来研究两时间序列之间短期波动的关系，并将短期波动与长期均衡结合起来。为分析河北省经济增长与产业结构之间短期动态关系，以 E-G 两步法建立的协整回归方程为基础，构建误差修正模型：

根据协整检验回归模型：

$$LnGDP=0.1805LnX_1+0.5384LnX_2+0.2811LnX_3+\varepsilon$$

导出残差 ECM 序列：

$$ECM= LnGDP-0.1805LnX_1-0.5384LnX_2-0.2811LnX_3$$

建立 ECM 模型：

$$\Delta LnGDP_t=\beta_0+\beta_1\Delta LnX_{1t}+\beta_2\Delta LnX_{2t}+\beta_3\Delta LnX_{3t}+\alpha ECM(-1)$$

并通过最小二乘法估计模型：

$$\Delta LnGDP_t=0.0051+0.1929*\Delta LnX_{1t}+0.4911*\Delta LnX_{2t}+0.2846*\Delta LnX_{3t}-0.2058ECM(-1)$$

(3.3383)　(23.2802)　(51.9711)　(31.0699)　(-2.0017)

其中 $R^2=0.9981$，D-W=1.72，ECM（-1）是滞后一期的误差修正项，它是协整方程的残差序列，反映了两时间序列在短期波动中偏离长期均衡关系的程度。

在误差修正模型中，GDP 的短期波动一方面是三次产业结构变动的影响，三次产业变动的弹性系数分别为 0. 1929、0. 4911 和 0. 2846，说明三次产业结构的变动能够引起 GDP 的同方向变动，即第一产业增加值每增长 1%，将带动 GDP 增长 19. 29%；第二产业增加值每增长 1%，将带动 GDP 增长 49. 11%；第三产业增加值每增长 1%，将带动 GDP 增长 28. 46%，说明产业结构的调整优化对经济增长具有正向促进作用，第二产业的促进作用最大；另一方面是受偏离长期均衡的影响，ECM（-1）的系数决定了对偏离长期均衡的调整力度，误差修正项系数为-0. 2058，意味着 ECM（-1）以 20. 58%的比例对下一年 GDP 增长的短期变化产生负的影响，当短期波动偏离长期均衡时，将以 20. 58%的调整力度将非均衡状态拉回到均衡状态，将经济增长向长期均衡状态收敛。

1. 3　河北省工业结构变动投入产出分析

1. 3. 1　投入产出基本原理

投入产出表是美国经济学家华西里·列昂惕夫（Wassily Leontief）在 1933 年提出的投入产出分析方法，其理论基础是一般均衡理论，采用一张包括多种产品或部门的棋盘式表格来表示，反映的是国民经济各部门之间的投入和产出之间的关系，每一列数据表示产品或部门在生产中的各种投入情况，每一行数据则反映产品产出后的分配去向。投入产出表是一种纵横交错的矩阵式网状平衡表格（表 1-5），由三部分组成，即中间需求部分、附加值部分和最终需求部分。随着投入产出表及投入产出模型的不断发展和完善，投入产出表常用于分析经济体系的结构与各部门在生产中的关系，分析国内各地区间的经济关系以及各种经济政策所产生的影响。

表 1-5　投入产出表基本表达

投入＼产出		中间使用				最终使用					总产出
		部门 1	部门 2	…	部门 n	消费	投资	出口	进口	合计	
中间投入	部门 1	x_{11}	x_{12}	…	x_{1n}	y_1^C	y_1^I	y_1^O	y_1^E	y_1	x_1
	部门 2	x_{21}	x_{22}	…	x_{2n}	y_2^C	y_1^I	y_1^O	y_1^E	y_2	x_2
	⋮	⋮	⋮	⋮	⋮	⋮	⋮	⋮	⋮	⋮	⋮
	部门 n	x_{n1}	x_{n2}	…	x_{nn}	y_n^C	y_1^I	y_1^O	y_1^E	y_n	x_n
增加值		n_1	n_2	…	n_n						
总投入		x_1	x_2	…	x_n						

投入产出表的横向反映了产品的分配使用过程，实际上是指生产过程中对各部门产品的分配和使用。纵向则表现了产品实物（以价值量计）价值形成过程，

是生产过程中各部门产品的各种投入要素的构成。即投入产出表有三个重要的平衡关系：行平衡、列平衡和总量平衡。

行平衡：中间使用+最终使用=总产出；

列平衡：中间投入+最初投入=总投入；

总量平衡：总投入=总产出，即社会总供给=社会总需求。

依据这三个重要的平衡关系，可建立投入产出的基本模型和相关系数：

（1）行模型：

行平衡数学表达：$\sum_{j=1}^{n} x_{ij} + Y_i = X_i$

$\sum_{j=1}^{n} x_{ij}$ 表示生产过程中第 i 部门中间产品的合计，反映第 j 部门在生产中对第 i 部门产品的使用情况，Y_i 表示第 i 部门的最终使用产品数量，反映第 i 部门的产品用于最终需求的情况，X_i 是第 i 部门的总产品。

（2）列模型：

列平衡数学表达：$\sum_{j=1}^{n} x_{ij} + N_j = X_j$

$\sum_{j=1}^{n} x_{ij}$ 表示生产过程中第 j 部门中间产品的合计，它反映各个第 i 部门在生产中对第 j 部门产品的使用情况。N_j 表示第 j 部门的毛附加值，它反映第 j 部门的产品价值形成的情况。

（3）总量平衡模型：

社会总需求=社会总供给：$\sum_{i=1}^{n} x_i = \sum_{j=1}^{n} x_j$

（4）直接消耗系数：

直接消耗系数是指第 j 部门在生产过程中的单位总产出直接消耗 i 部门的产品或服务的数量，直接消耗系数：$a_{ij}=x_{ij}/X_j$；直接消耗系数矩阵：$A=\{a_{ij}\}$。

经过矩阵变换，可得到矩阵模型：$(I-A)^{-1}Y=X$。

（5）完全消耗系数：

完全消耗系数是指第 j 部门每生产一个单位最终产品时，需要完全消耗第 i 部门产品的数量，记为 b_{ij}。由直接消耗系数矩阵 A，便可以求得完全消耗系数矩阵 B 和完全消耗系数 b_{ij}，$B=(I-A)^{-1}-I$。

（6）列昂惕夫逆系数：

列昂惕夫逆系数又称为完全需求系数，记为 $l_{ij}=\overline{b_{ij}}$，表示第 j 个部门增加一个单位最终使用时，对第 i 个部门的完全需求量。列昂惕夫逆矩阵 $L=\overline{B}=(I-A)^{-1}$，与完全消耗系数仅相差一个单位矩阵。

1.3.2 河北省工业结构投入产出分析

在第1章中，已将工业结构依据工业行业划分标准，及《国民经济行业分类与代码》（GB/T 4754—2011），并结合2012年河北省42部门投入产出表进行划分，共26个工业部门，包括采矿业4个，制造业19个和电力、热力、燃气及水生产和供应业3个。以2012年河北省投入产出表为基础，分析这26个工业部门间的投入产出关系。

1.3.2.1 国民经济总体分析

投入产出中的总产出是一个国家（或地区）一年内生产的全部产品与提供服务的价值总量，反映了生产活动的总规模。2012年河北省国民经济社会总产出为77855.91亿元，中间投入为51280.90亿元，中间投入率为65.87%，增加值合计为26575.01亿元；从使用角度看，2012年，河北省最终使用45722.29亿元，其中最终消费合计为11081.10亿元，资本形成总额合计为15244.63亿元，地区内向外流出额合计为19396.56亿元，可见，河北省贸易及进出口发展规模较大，国民经济对外依存度较高，而内需对经济增长的带动作用较有限，另外，投资活动的发展也有较大发展空间。

1.3.2.2 河北省工业结构投入产出消耗系数

本部分根据2012年河北省投入产出表来求解各工业部门的直接消耗系数和完全消耗系数，为便于分析，将26个工业部门以代号表示：煤炭开采和洗选业（A_1）、石油和天然气开采业（A_2）、金属矿采选业（黑色+有色）（A_3）、非金属矿和其他矿采选业（A_4）、食品和烟草制品业（A_5）、纺织业（A_6）、纺织服装鞋帽皮革羽绒及其制品业（A_7）、木材加工品和家具制造业（A_8）、造纸印刷和文教体育用品制造业（A_9）、石油炼焦及核燃料加工业（A_{10}）、化学原料及化学制品制造业（A_{11}）、非金属矿物制品业（A_{12}）、金属冶炼和压延加工业（黑色+有色）（A_{13}）、金属制品业（A_{14}）、通用设备制造业（A_{15}）、专用设备制造业（A_{16}）、交通运输设备制造业（A_{17}）、电气机械和器材制造业（A_{18}）、计算机通信及其他电子设备制造业（A_{19}）、仪器仪表制造业（A_{20}）、其他制造业（A_{21}）、废弃资源综合利用业（A_{22}）、金属制品机械和设备修理业（A_{23}）、电力热力生产和供应业（A_{24}）、燃气生产和供应业（A_{25}）、水的生产和供应业（A_{26}）。得到直接消耗系数表（见附表2）、完全消耗系数表（附表3）及列昂惕夫逆矩阵表（附表4）。

1.3.2.3 河北省工业部门波及效应分析

产业波及是指国民经济产业体系中，当某一产业部门发生变化，这一变化会沿着不同的产业关联方式，引起与其直接相关的产业部门的变化，并且这些相关产业部门的变化又会导致与其直接相关的其他产业部门的变化，依此传递，影响力逐渐减弱的过程。产业波及分析主要以两个系数来体现：感应度系数和影响力系数。感应度系数反映某一产业部门受其他产业部门的波及作用，影响力系数反映某一产业部门对其他产业部门的波及作用。这两个系数可由列昂惕夫逆矩阵 $L=(I-A)^{-1}$ 求得，则某产业感应度系数 E_i 和影响力系数 F_j 的计算公式分别为：

$$E_i=\frac{n(\sum_{j=1}^{n} l_{ij})}{\sum_{i=1}^{n}\sum_{j=1}^{n} l_{ij}},\ F_j=\frac{n(\sum_{i=1}^{n} l_{ij})}{\sum_{i=1}^{n}\sum_{j=1}^{n} l_{ij}}\ (i=1,2,\cdots,n;\ j=1,2,\cdots,n)$$

当某产业的感应度系数 $E_i \geqslant$（或<）1 时，表明该产业部门所受到其他产业部门波及的感应程度≥（或<）社会平均感应度水平，感应度系数越大，该部门所受到的需求压力越大；同理，当某产业的影响力系数 $F_j \geqslant$（或<）1 时，表明该产业部门对其他产业部门所产生的波及影响程度≥（或<）社会平均影响力水平，影响力系数越大，该部门对国民经济各部门拉动作用越大。

根据列昂惕夫逆矩阵表，计算河北省 26 个工业部门的感应度系数和影响力系数（见附表 5）：

（1）关于感应度系数。2012 年河北省感应度系数大于 1 的工业部门有：金属冶炼及压延加工业、电力热力的生产和供应业、化学工业、煤炭开采和洗选业、金属矿采选业、石油加工炼焦及核燃料加工业、金属制品业、石油和天然气开采业、电气机械和器材制造业、造纸印刷及文教体育用品制造业、计算机通信及其他电子设备制造业共 11 个工业部门，表明这些工业部门受到的感应程度高于社会平均感应程度。从排名前十的部门来看，位次靠前的工业部门大多集中在矿产资源开发与加工、原材料、能源开发利用等基础产业和传统加工制作部门，尤其金属冶炼及压延加工业、电力热力的生产和供应业、化学工业、煤炭开采和洗选业、金属矿采选业的感应度系数达到 2.0 以上，是社会平均感应程度的 2 倍以上，说明在河北省国民经济发展过程中，这些资源型产业发挥了强大的推动作用。但随着不同产业的发展壮大，对原材料、资源开发的需求也在不断加大，导致这些部门面临不断增大的需求压力，如果忽视这些基础部门的发展，将影响和制约河北省国民经济的健康发展，成为制约经济增长的瓶颈。在工业结构调整和优化过程中，应保持感应度系数较大的工业部门的稳定增长，才能保证国民经济的协调可持续发展。

（2）关于影响力系数。2012 年河北省除去石油加工炼焦及核燃料加工业、水的生产和供应业、石油和天然气开采业及煤炭开采和洗选业 4 个工业部门的影响力系数小于 1 外，其他 22 个工业部门的影响力系数大于 1，表明河北省大多数工业部门的影响力超过社会平均影响力，也反映出工业对国民经济发展的重大影响力。影响力系数排在前十位的工业部门有：电气机械和器材制造业、金属制品业、金属冶炼及压延加工业、通用设备制造业、交通运输设备制造业、其他制造业、计算机通信及其他电子设备制造业、专用设备制造业、仪器仪表制造业、电力热力的生产和供应业，可以发现制造业部门的影响力系数较高，这些工业部门技术含量高、产业附加值大，每增加一个单位最终使用时，将对上游部门产生较大的直接或间接拉动作用。传统的轻工业部门，其产品一般用于最终消费，如造纸印刷及文教体育用品制造业、纺织服装鞋帽皮革羽绒及其制品业、木材加工及家具制造业等部门的产品。而资本密集的资源型产业如电力热力的生产和供应、金属矿采选业、非金属矿物制品业、燃气生产和供应等部门的产品大多属于中间产品，它们的影响力系数均高于社会平均水平。从工业部门影响力系数整体来看，工业对河北省经济增长起着举足轻重的作用，工业的发展对国民经济有较强的辐射作用，能拉动全省经济的持续发展。

（3）关于感应度与影响力的交叉关联。根据赫希曼判别标准，以感应度系数和影响力系数的社会平均值（1.0，1.0）为坐标原点，坐标横轴为感应度系数，坐标纵轴为影响力系数，构建“感应度系数–影响力系数”的坐标体系，对其进行分类。河北省 26 个工业部门的感应度系数和影响力系数的情况如图 1–3 所示。

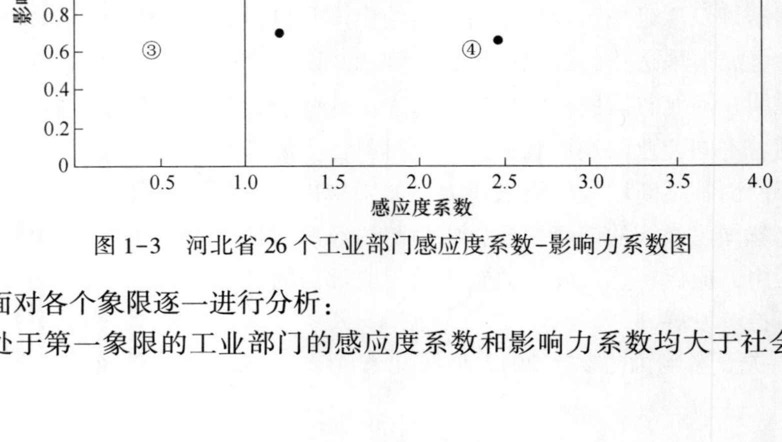

图 1–3　河北省 26 个工业部门感应度系数–影响力系数图

下面对各个象限逐一进行分析：

①处于第一象限的工业部门的感应度系数和影响力系数均大于社会平均值

1.0，这些部门与社会生产紧密联系，具有强制约性和强辐射性的双重特性，一定程度上能够引领产业发展的方向，是国民经济的支柱性产业，是应该重点发展的产业。这些部门包括金属冶炼及压延加工业、电力热力的生产和供应业、化学工业、电气机械和器材制造业、金属制品业、金属矿采选业、计算机通信及其他电子设备制造业、造纸印刷及文教体育用品制造业。这些部门是其他产业部门的中间消耗材料的主要供应者，通过供给推动经济增长，同时在生产过程中又要大量消耗其他产品部门的产品，通过需求拉动国民经济发展，因而在国民经济发展中处于举足轻重的战略地位。

②处于第二象限的工业部门的感应度系数小于1.0，而影响力系数大于1.0，属于具有弱制约性和强辐射性的部门。这些部门包括通用设备制造业、专用设备制造业、交通运输设备制造业、仪器仪表制造业、其他制造业、木材加工及家具制造业、纺织服装鞋帽皮革羽绒及其制品业、纺织业、食品和烟草制品业、非金属矿物制品业、非金属矿和其他矿采选业、金属制品机械和设备修理业、废弃资源综合利用业、燃气生产和供应业，这些部门大多数为制造业部门，它们不易受其他产业部门的影响，但对其他产业的发展有较强的拉动作用，可见大力发展制造业对河北省经济增长具有较大的拉动作用。

③处于第三象限的工业部门的感应度系数小于1.0，且影响力系数小于1.0，均小于社会平均水平，属于具有弱制约性和弱辐射性的部门。第三象限内只有一个工业部门，即水的生产和供应业。该部门与其他产业部门的前向关联和后向关联程度均较弱，对其他部门的拉动作用不显著。

④处于第四象限的工业部门的感应度系数大于1.0，但影响力系数小于1.0，包括石油和天然气开采业、煤炭开采和洗选业、石油加工炼焦及核燃料加工业3个基础性资源开采部门，这些部门具有强制约性和弱辐射性的特点，在河北省工业经济体系中发挥着重要的基础保障作用，以满足其他产业部门的生产需要。

1.3.2.4　河北省工业部门最终需求分析

最终需求也即最终使用，指被用于最终消费、资本形成、出口和流出国内省外的部分，出口和流出国内省外以流出额来代替。根据2012年河北省投入产出表（基本流量表）：

从最终使用来看，2012年河北省工业部门的最终使用为20056.57亿元，其中排在前十位的分别是：金属冶炼和压延加工品（4827.60亿元）、食品和烟草制品（2341.54亿元）、交通运输设备（1681.25亿元）、通用设备（1415.19亿元）、化学产品（1259.89亿元）、纺织服装鞋帽皮革羽绒及其制品（1181.99亿元）、纺织品（1180.69亿元）、专用设备（1047.49亿元）、电气机械和器材（1009.30亿元）、石油炼焦产品和核燃料加工品（765.50亿元），可见资源型产业和设备制造业的最终使用较大，体现出其在工业经济中的活跃程度。

从最终消费来看，2012 河北省工业部门最终消费合计 3004.18 亿元，占最终使用的比重为 14.98%，其中排在前十位的部门分别是食品和烟草制品（712.41 亿元）、电气机械和器材（338.80 亿元）、纺织服装鞋帽皮革羽绒及其制品（330.75 亿元）、电力热力的生产和供应（284.25 亿元）、交通运输设备（273.18 亿元）、化学产品（2150.12 亿元）、计算机通信设备和其他电子设备（157.29 亿元）造纸印刷和文体教育用品（149.62 亿元）、石油炼焦和核燃料加工品（115.90 亿元）、金属制品（109.90 亿元），可以看出这些部门与生产生活紧密相连。最终消费由居民消费和政府消费组成，政府消费只用于水的生产与供应，体现出水资源作为公共产品的特殊性。农村消费和城镇消费中，只有煤炭采选产品、造纸印刷和文教体育用品、非金属矿物制品以及金属制品机械和设备修理服务的农村居民消费大于城镇居民消费，反映出农村消费特点与城镇消费特点的巨大差异。另外，最终消费占最终使用的比重排在前列的包括电力热力的生产和供应（96.96%）、水的生产和供应（96.25%）、其他制造产品（80%）、燃气生产和供应（68.27%）、造纸印刷和文教体育用品（62.54%）、煤炭采选产品（51.89%）等，这些工业部门主要是轻工业，其产品与生产生活息息相关，省内的需求量大。

从资本形成来看，2012 年河北省工业部门资本形成总额为 2910.24 亿元，占最终使用的比重为 14.51%，其中排在前十位的有：通用设备（942.98 亿元）、专用设备（691.62 亿元）、交通运输设备（568.42 亿元）、电气机械和器材（272.58 亿元）、金属制品（164.70 亿元）、计算机通信设备和其他电子设备（141.66 亿元）、木材加工品和家具（62.53 亿元）、仪器仪表（30.05 亿元）、化学产品（18.20 亿元），多数工业部门的资本形成依赖于存货增加，只有排在前几位（设备制造、金属制品、仪器仪表等）的部门依靠固定资本形成。另外，资本形成占最终使用的比重排在前列的包括石油和天然气开采产品（70.81%）、通用设备（66.63%）、专用设备（66.03%）、仪器仪表（58.36%）、交通运输设备（33.81%）等，其中石油和天然气开采产品的资本形成全部来自于存货增加，从中可以看出，以设备制造为主的制造业具有资本密集型的特点，对固定资本的依赖性较大。

从流出额来看，2012 年河北省工业部门流出总额为 14142.15 亿元，占到最终使用的比重为 70.51%，其中流出国内省外的为 12401.64 亿元，占流出总额的 87.69%，出口额 1740.51 亿元，占流出总额的 12.31%，可见最终使用的主体仍然是用于国内消费。流出额排在前十位的工业部门有：金属冶炼和压延加工品（4825.40 亿元）、食品和烟草（1624.23 亿元）、纺织品（1134.68 亿元）、化学产品（1026.68 亿元）、纺织服装鞋帽皮革羽绒及其制品（849.52 亿元）、交通运输设备（839.65 亿元）、石油炼焦和核燃料加工品（647.20 亿元）、金属矿采选产品（601.44 亿元）、非金属矿物制品（536.39 亿元）、通用设备（461.79 亿元）。从具体工业部门来看，金属制品机械和设备修理服务、燃气生产和供应、电力热力的生产和供应、水的生产和供应、石油和天然气开采产品的向外流出全部流向国内省外，没有对外出口，且多数工业部门的国内消费占流出额的 60%以上，表明国内需求是带动河北省经济增长的主要动力。同时，随着我国进出口贸易的迅速发展，河北省与国外的经济往来也在不断扩大，促进对外贸易的快速发展。

1.4　河北省典型工业发展阶段分析

1.4.1　产业生命周期理论

产业生命周期理论是在产品生命周期理论基础上发展而来的。1966 年 Vernon 提出了产品生命周期理论，随后 William J Abernathy 和 James M Utterback 等以产品的主导设计为主线将产品的发展划分成流动、过渡和确定三个阶段，进一步发展了产品生命周期理论。在此基础之上，1982 年，Gort 和 Klepper 通过对 46 个产品最多长达 73 年的时间序列数据进行分析，按产业中的厂商数目进行划分，建立了产业经济学意义上第一个产业生命周期模型。产业生命周期从整个产业的角度考虑问题，可以以成熟期划为成熟前期和成熟后期。在成熟前期，几乎所有产业都具有类似 S 形的生长曲线，而在成熟后期则大致分为两种类型：第一种类型是产业长期处于成熟期，从而形成稳定型的行业，如图 1-4 中的曲线 1。第二种类型是产业较快进入衰退期，形成迅速衰退的行业，如图 1-4 中的曲线 2。

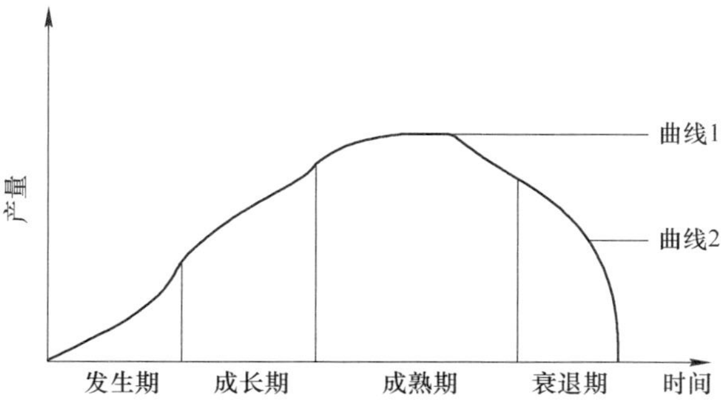

图 1-4　产业生命周期曲线图

生命周期曲线分析的关键在于构建生长曲线模型，即 S 形曲线，它是描述生长过程的一种特殊曲线。生物的生长过程一般要经历发生、发展、成熟和衰退四个阶段。经济社会领域中许多事物的成长或者某些变量的变化都类似于生物生长的过程，呈现 S 形，这一点和传统的产业生命周期理论相一致。对于矿产资源型产业，其发展历程基本符合产业生命周期理论，同样要经历发生、成长、成熟和衰退的整个生命周期。因此，生长曲线在预测中具有相当广泛的应用。

生长曲线的一般数学模型为：

$$dY/dt = KY(L - Y)$$

式中，Y 为预测参数值；L 为参数 Y 的极限值；K 为常数，$K>0$。解此微分方程得：

$$Y = \frac{L}{1 + ae^{-bt}}$$

式中，a 和 b 为常数；参数 b 决定曲线的位置；参数 a 决定曲线中间部分的斜率；t 为时间。变量之间的关系见表 1-6。

表 1-6　变量之间的关系表

t	-	0	$\ln(a)/b$	∞
Y	0	$L/(1+a)$	$L/2$	L

生长曲线的极限值为 L，并且在 $t=0$，$Y=L/(1+a)$ 处有第 1 个拐点 F_1，其数值即为临界值，它是产业的发生期与成长期的分界点；在 $t=\ln(a)/b$ 与 $Y=L/2$ 处有第 2 个拐点 F_2，此为产业的成长期与成熟期的分界点。曲线由 F_2 点到极限 L 这一区域为产业的成熟期；极限 L 以下则为产业的衰退期。生长曲线模型中需要确定 L、a、b 三个参数，本书采用倒数和法来确定参数：

$$L = \frac{r}{S_1 - \frac{D_1^2}{D_1 - D_2}},\ a = \frac{L}{C} \cdot \frac{D_1^2}{D_1 - D_2},\ b = \frac{1}{r}\ln\frac{D_1}{D_2}$$

上式中各变量的含义和来源详见相关资料，这里不再赘述。参数 L、a、b 确定后就可以建立产业的生命周期预测模型，运用该模型就可以对相关产业所处的发展阶段进行分析，对其未来的发展情况进行预测。

1.4.2　河北省典型工业发展阶段分析

本节以河北省钢铁、煤炭、水泥及平板玻璃等重点的资源型产业为典型部门，建立河北省钢铁、煤炭、水泥、玻璃等典型工业的生命周期曲线，分析相关工业目前所处发展阶段，并对以后发展趋势进行预测。

首先建立各资源型产业的生长曲线模型；然后确定各矿产资源型产业的发展阶段，并对其未来发展趋势进行预测；在此基础上提出河北省矿产资源型产业的转型路径。为确保数据的科学性和客观性，分析数据均来自 1999—2014 年《河北经济年鉴》。本书用粗钢产量指标代表钢铁行业的产量，煤炭、水泥、平板玻璃行业分别用原煤产量、水泥产量、平板玻璃产量来衡量。

由钢铁、煤炭、水泥和平板玻璃产业的产量变化曲线（图 1-5），可以大致了解各产业产量的变化走势。从产量变化来看，钢铁产量由 1998 年的 1106.11 万吨增长到 2014 年的 18530.3 万吨，年均增长率为 18.03%；煤炭产量由 1998 年的 5636.73 万吨增长到 2014 年的 11124.77 万吨，年均增长率为 4.08%；水泥产量由 1998 年的 3887 万吨增长到 2014 年的 10625.5 万吨，年均增长率为 6.09%；平板玻璃产量由 1998 年的 2456 万重量箱增长到 2014 年的 12292.6 万重量箱，年均增长率为 9.94%。从各产业散点图变化走势看，四个产业的发展走势都近似 S 型曲线，符合生长曲线模型和产业生命周期理论。

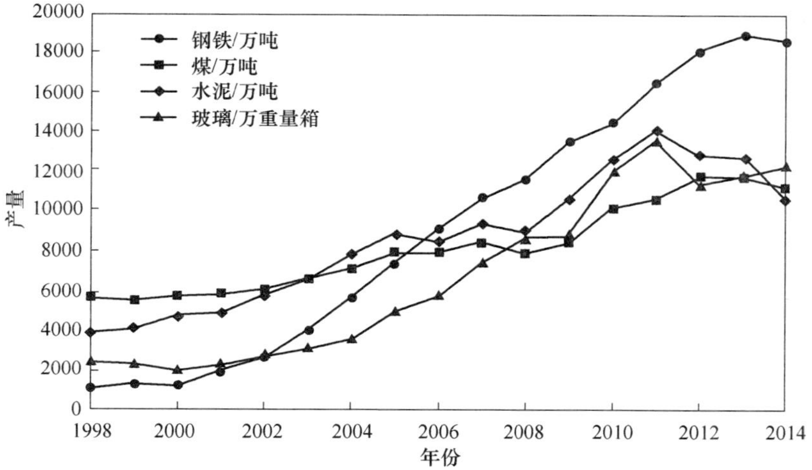

图 1-5　河北省典型工业产量变化散点图

1.4.2.1　钢铁产业

根据生长曲线模型的计算公式，求得钢铁产业生长曲线模型：

$$Y = \frac{18835.89}{1 + 30.73e^{-0.57t}}$$

绘制钢铁产业生命周期曲线（图 1-6）。当 $t=0$ 即 1997 年，$Y=593.48$ 处，第 1 个拐点 F_1（0，593.48）为钢铁产业发生期与成长期的临界点，在此点以前为产业生命周期的发生期，在此点以后进入成长期；钢铁产业生长曲线的第 2 个拐点 F_2（9.37，9417.95）为产业成长期与成熟期的临界点，钢铁产业的成长期为 1997—2007 年，成熟期是从 F_2 点到极限值 L 处，即 2007—2050 年。预计钢铁产量在 2050 年到达饱和点 $L=18835.89$ 万吨，从 2050 年以后钢铁产业开始进入衰退期。

由此可以看出，河北省的钢铁产业目前正处于成熟期，预计到 2050 年进入衰退期。

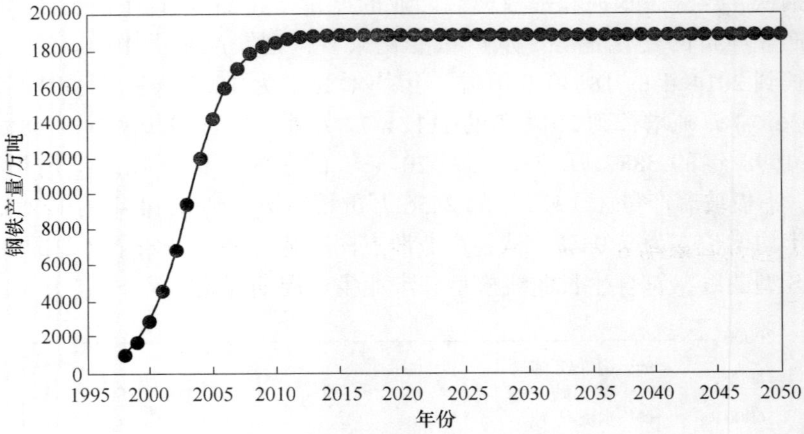

图 1-6　河北省钢铁产业生命曲线图

1.4.2.2　煤炭产业

根据生长曲线模型的计算公式，求得煤炭产业生长曲线模型：

$$Y=\frac{22166.06}{1+3.56e^{-0.08t}}$$

绘制煤炭产业生命周期曲线图（图 1-7）。$t=0$ 即在 1997 年，$Y=4860.98$ 处为第 1 个拐点 F_1，此为煤炭产业生长曲线的发生期与成长期的临界点；第 2 个拐点 F_2（16.54，11083.03）为煤炭产业成长期与成熟期的临界点。因此，该行业的成长期为 1997—2014 年，成熟期是从 F_2 点到极限值 L 处，即 2014—2170 年。预计河北省的煤炭产量在 2170 年达到饱和，$L=22166.06$ 万吨，从 2170 年

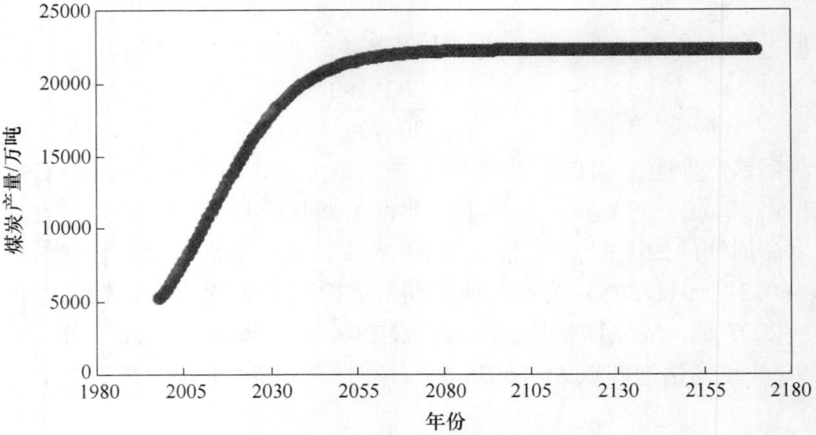

图 1-7　河北省煤炭产业生命周期曲线

以后河北省的煤炭产业开始进入衰退期。

由此可以看出，河北省的煤炭产业目前处于成熟期，预计到 2170 年进入衰退期。

1.4.2.3 水泥产业

根据生长曲线模型的计算公式，求得水泥产业生长曲线模型：

$$Y = \frac{15605.36}{1 + 4.11e^{-0.19t}}$$

绘制水泥产业生命周期曲线图（图 1-8）。对于河北省水泥产业生长曲线，F_1（0，3053.89）为第 1 个拐点，此为水泥产业发生期与成长期的临界点；第 2 个拐点 F_2（7.44，7802.68）为水泥产业成长期与成熟期的临界点，水泥产业的成长期为 1997—2004 年；成熟期是从 F_2 点到极限值 L 处，即 2004—2085 年。水泥产量预计到 2085 年达到饱和点 L = 15605.36 万吨。从 2085 年以后水泥产业预计进入衰退期。

由此可以看出，河北省的水泥产业目前正处于成熟期，预计于 2085 年进入衰退期。

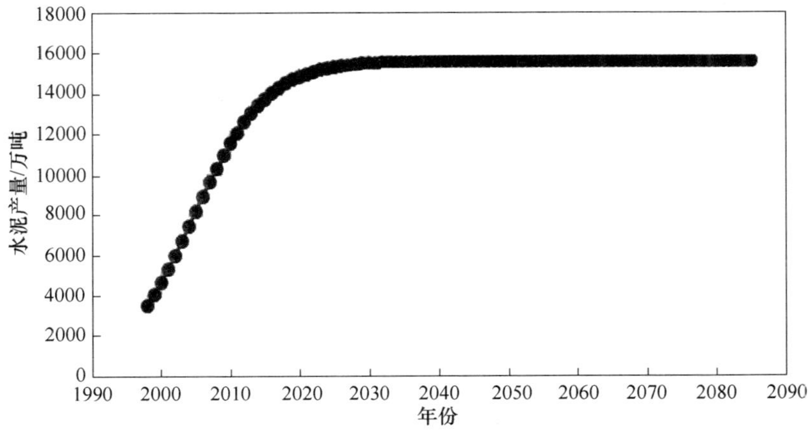

图 1-8 河北省水泥产业生命周期曲线

1.4.2.4 平板玻璃产业

根据生长曲线模型的计算公式，求得平板玻璃产业生长曲线模型：

$$Y = \frac{12789}{1 + 5.60e^{-0.09t}}$$

绘制平板玻璃产业生命周期曲线图（图 1-9）。对于河北省玻璃产业生长曲线，第 1 个拐点 F_1（0，1937.73）为玻璃产业发生期与成长期的临界点，在此点以前为产业生命周期的发生期，在此点以后进入成长期；玻璃产业生长曲线的第 2 个拐点 F_2（19，6394.5）为产业成长期与成熟期的临界点，玻璃产业的成长期为 1997—2016 年，成熟期是从 F_2 点到极限值 L 处，即 2016—2170 年。预计玻璃产量在 2170 年到达饱和点 $L=12789$ 万重量箱，从 2170 年以后平板玻璃产业开始进入衰退期。

由此可以看出，河北省的平板玻璃产业目前正处于成长期，预计到 2170 年进入衰退期。

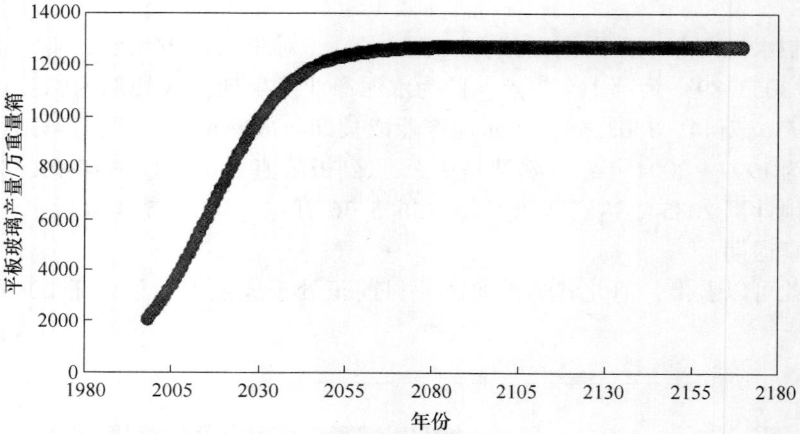

图 1-9 河北省平板玻璃生命周期曲线

以上对河北省典型工业发展阶段进行了分析，研究发现，运用生长曲线模型对河北省矿产资源型产业生命周期阶段进行拟合和分析具有可行性，研究结论可为制定河北省矿产资源型产业发展战略，实现可持续发展提供参考。但是，矿产资源型产业具有一定的特殊性。首先，矿产资源型产业对不可再生性资源的储量和相关技术具有很强的依赖性；其次，矿产资源型产业的发展一方面要受到市场经济规律的制约，另一方面要受到国家宏观政策的调控。这些因素在一定程度上会使矿产资源型产业的发展趋势和理论上的生长曲线出现背离。因此，在分析矿产资源型产业的转型问题时，要对以上因素予以充分考虑。

2 河北省能源消费结构与经济增长关系研究

2.1 河北省经济增长与能源消耗结构的演变分析

2.1.1 研究背景

能源是国民经济发展的基础性资源，能源问题也是涉及经济社会可持续发展的战略性问题。河北省一次能源储量虽然较为丰富，但人均能源储量匮乏。伴随着河北省经济社会的高速发展，能源消耗也随之增长，河北省的能源问题日益突出。2013 年河北省能源消耗总量达 31170.36 万吨标准煤，位列全国第二位，其中煤炭、石油、天然气和一次电力占比分别为 88.67%、7.36%、2.19% 和 1.78%，煤炭依然是经济增长的消耗大户，但河北省自身的能源供应远不能满足经济社会发展的需求。目前，河北省处在加速工业化进程的关键时期，能源的高消耗、高污染、低效益等粗放型经济增长方式对环境和资源造成了巨大压力，河北省“十二五”规划中提出，以加快转变经济发展方式为主线，推动产业结构优化升级，强力推进节能减排，坚定有序地淘汰钢铁、煤炭、水泥、玻璃等行业的落后产能，大力发展循环经济，单位生产总值能耗和二氧化碳排放量降低、主要污染物排放量减少等指标完成国家下达的目标要求。能源问题已上升到国家战略，在当前能源消耗结构不合理、能源利用效率低下的现状下，如何在保持国民经济稳步持续增长的前提下，着手推进能源消耗结构改革、提高能源利用效率、减轻生态环境压力，是关系到河北省经济、社会及环境可持续发展的重大问题。

不同产业的能源消耗水平是不同的，在产业结构中，能源消耗水平高的产业在产业结构中所占的比重越大，则整个国民经济的能源消耗总量就会提高，反之，则能源消耗水平下降，河北省经济增长过程中的产业结构调整都会导致能源消耗水平发生较大的波动。研究河北省能源消耗与经济增长的关系、能源消耗结构与产业结构的协调关系，对于未来预测能源消耗、制定能源发展战略、优化产业结构、构建节能型国民经济增长体系，都具有重要的理论与现实意义。

2.1.2 河北省经济增长的发展态势

改革开放以来，受惠于市场经济带来的改革红利，河北省经济长期保持着快速增长的态势，全省地区生产总值 GDP 从 1978 年的 183.06 亿元增长到 2014 年的29421.2亿元，年平均增长率14.72%，增长速度显著，整体上高于全国平均水平，经济增长的同时，带来了城乡居民收入水平提高、人均消费水平的提高、产业各部门规模效益的提高，但也随之带来了能源、资源的高消耗、低效率利用、环境的高污染等生态问题。梳理河北省经济增长的历程，可以总结出河北省经济发展的鲜明特征：

（1）经济总量规模扩大，经济增长趋于平稳。根据河北省2014年国民经济和社会发展统计公报显示，2014年全省生产总值实现29421.2亿元，同比增长6.5%，经济总量长期保持着较快的增长，但增速较2013年回落1.7个百分点，增速显著放缓，根据增速变化的时间序列显示，GDP增速从2010年开始出现明显的下滑过程，由2010年的12%增速下降到2014年的6.5%，增速的回落反映出河北省经济发展趋于平稳，已经走过了以单纯追求GDP增长的经济发展阶段，开始向结构调整、统筹兼顾、科学发展的方向迈进（图2-1）。

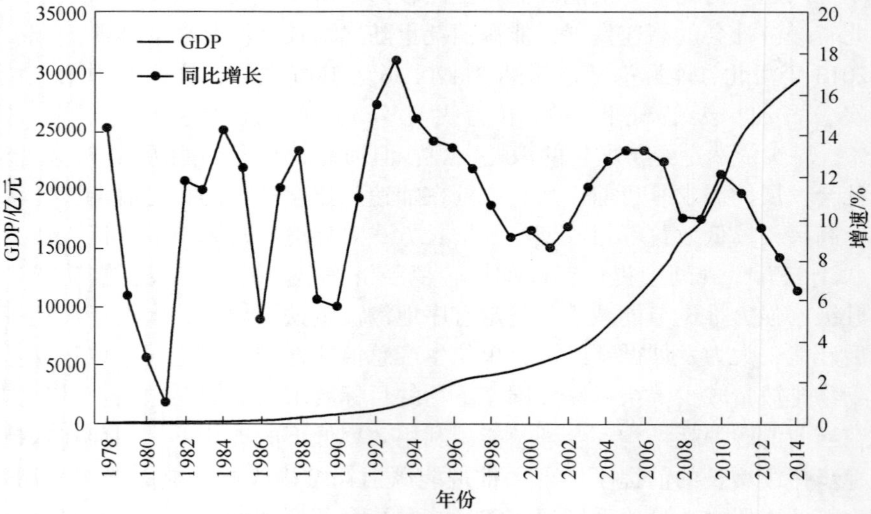

图2-1　河北省GDP及增速变化走势

（2）三次产业结构平稳调整，高新技术产业发展迅速。河北省一直以来是以工业为主导的经济大省，三次产业发展不均衡，以工业为主的第二产业所占比重最大。2014年河北省三次产业构成比重为11.7：51.1：37.2，这一构成比与2013年的12.4：52.1：35.5相比，第二产业比重进一步下降，以农业为主的第一产业呈现持续下滑走势，以服务业为主的第三产业占比则增长（图2-2），反映出河北省结构调整的稳步推进，总体上呈现第一产业增长回落较大、第二产业发展平稳、第三产业发展贡献加大的局面，以服务业为主的第三产业比重和贡献率的提升，是河北省产业结构调整过程中的突出亮点，也是河北省经济发展的新的增长点。结构调整的积极成效还体现在，河北省高新技术产业增加值比重再创新高，2014 年全省规模以上高新技术产业完成增加值 1540.4 亿元，较 2013 年增长 13.2%，高于规模以上工业增速 8.1 个百分点，同时，高新技术产业投资快速增长，完成投资较 2013 年增长 26.5%，增速同比提高了 11.1 个百分点，显示出河北省高新技术产业的良好发展势头，同时也为河北省工业结构调整、创新驱动转型、经济新的增长点提供了方向。

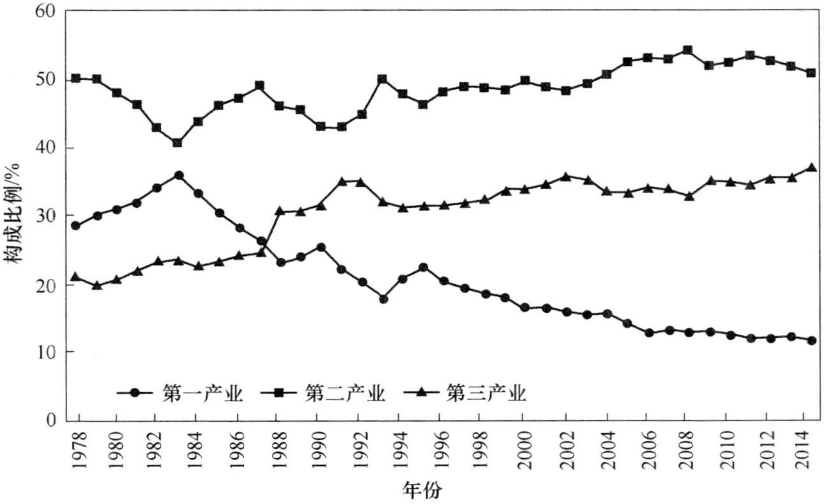

图 2-2 河北省三次产业构成变化走势

（3）居民收入继续一路走高，就业形势基本保持稳定。在河北省经济增长速度放缓的背景下，河北省居民收入仍旧一路走高，2014 年河北省城乡居民收入较快增长，全年全省居民人均可支配收入 16647 元，较 2013 年增长 1458 元，增速 9.6%，其中城镇居民人均可支配收入 24141 元，增长 8.6%，农村居民人均可支配收入 10186 元，增长 10.9%，城镇和农村人均可支配收入增速均跑赢了全省 GDP 增速。面对着较大的经济下行压力，河北省就业形势保持了基本稳定，通过完善落实鼓励就业、创业的政策措施，重点保障困难群体就业，2014 年全省城镇新增就业 72.1 万人，失业人员实现再就业 25.9 万人，就业困难人员实现就业 9.7 万人，全省就业情况呈稳定发展走势，在经济增长方式转型过程中必将对居民收入及就业形势产生深远影响。

2.1.3 河北省能源消费结构变迁

能源（Energy Source）也称为能量资源或能源资源，是指能够直接取得或者通过加工、转换而取得有用能的各种资源，包括煤炭、原油、天然气、核能、风能等一次能源和电力、热力、成品油等二次能源，及其他新能源和可再生能源，能源是人类赖以生存和发展的战略性资源。本书对河北省能源的分析过程中，受限于河北省能源品种及数据的可得性，只能重点研究煤炭、石油及天然气等一次能源，实际上这三类能源在总能源分布中所占比重较高，对其他能源的忽略处理也将不会对能源消费结构产生实质性影响。

河北省能源资源的主要品种有煤炭、石油和天然气等，根据2013年全国矿产资源储量通报，河北省煤炭查明资源储量203.56亿吨，其中基础储量39.41亿吨，石油查明资源储量25.20亿吨，主要分布在冀中、大港和冀东油田，天然气查明资源储量1633.95亿立方米，省内电力、风能等其他能源也有不同程度的开发。整体来看，河北省能源储量较为丰富，但相对于全省7332.61万（2013年）的人口，人均能源储量则相对匮乏，尤其河北省人均煤炭储量仅为全国平均水平的60%左右，能源利用约束十分显著。

从能源生产及消费的整体来看，河北省作为能源消费大省，仅靠自身生产的能源，已不能满足全省经济发展和人民生活的需求。2013年河北省一次能源生产总量为7240.36万吨标准煤，较2012年下降了28.24%，降幅比较显著，而2013年河北省能源消费量已达31170.36万吨标准煤，供需缺口仍在不断扩大中（图2-3）。由图中可以看出，河北省一次能源的生产量增长缓慢且稳定，而消费量增速显著，年均增速达7.01%，从2000年开始，能源供需缺口日益扩大，能源的对外依存度也显著提高，能源形势不容乐观。

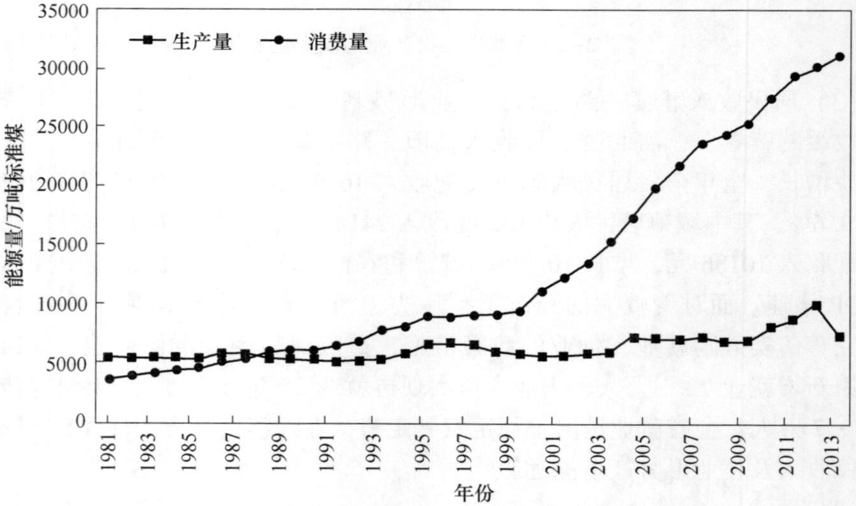

图2-3　河北省一次能源生产和消费变化

从能源消费构成情况看，能源消费以煤炭、石油、天然气等为主，其中煤炭依然是能源消费大户，2013年煤炭消费量达27639.17万吨标准煤，占能源消费总量的88.67%，较2012年下降了0.13个百分点，且占比呈逐年下降走势（图2-4），石油消费量为2294.88万吨标准煤，占能源消费总量的7.36%，天然气消费量为 681.76 万吨标准煤，占能源消费总量的 2.19%，较 2012 年提高了 0.25 个百分点，占比呈逐年上升的走势。整体来看，河北省能源消费构成比较单一，煤炭消费仍保持在高位波动，但随着产业结构调整及新能源开发利用，煤炭消费在 2008 年金融危机之后一直保持下降的走势，但短期内对煤炭消费的依赖性仍将持续，而石油消费比重徘徊在 7%上下，变化较稳定，受惠于新能源发展，天然气消费呈快速增长的态势，2007 年 4 月，河北省新发现了冀东南堡油田，天然气地质储量 1401 亿立方米，加上西气东输工程，河北省天然气消费存在较大提升潜力。

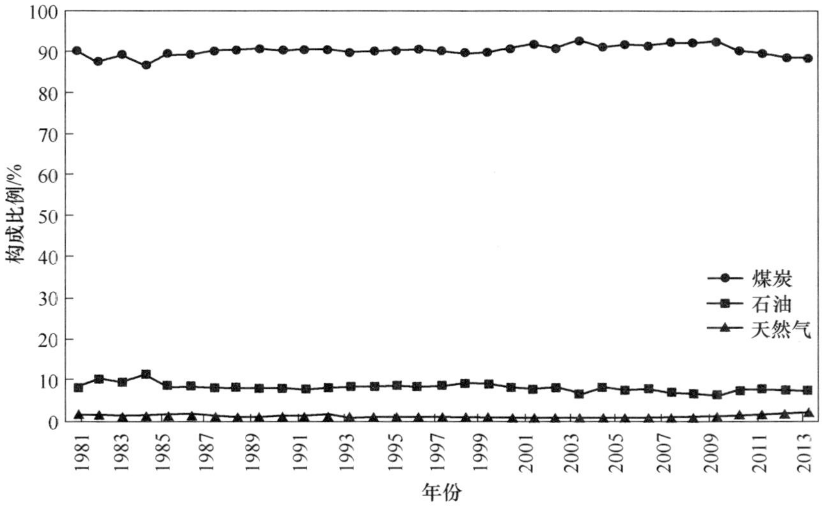

图 2-4　河北省能源消费构成变化走势

从能源消费终端部门结构看（表 2-1），工业消耗能源量最大，2013 年工业消耗能源达到 24942.70 万吨标准煤，占能源消耗总量的 80%左右，工业对能源的高消耗也是造成河北省生态环境污染的重要原因。其他部门的能源消费变化比较稳定，生活消费能源量有所下降，主要缘于日常生活减少对煤炭资源的依赖，转而注重向清洁能源即天然气消费的转化，另外，电子商务的快速发展，促进了交通物流行业的发展，交通运输仓储和邮政业的能源消耗呈日益增长的态势。整体来看，河北省能源消耗仍以工业部门消耗为主，尤其以钢铁工业能源消耗增长快速，2013 年钢铁工业能耗已达 10765.11 万吨标准煤，同比增长 3.27%。

表 2-1　河北省能源消费部门分布情况　（万吨标准煤）

终端部门	2005 年	2010 年	2011 年	2012 年	2013 年
能源消费总量	19835.99	26035.57	29498.29	30250.21	31170.36
农林牧渔业	531.51	686.82	703.93	707.46	648.04
工　业	15851.98	20682.25	23683.25	24086.65	24942.70

续表 2-1

终端部门	2005 年	2010 年	2011 年	2012 年	2013 年
建筑业	202.92	320.72	384.62	396.99	410.72
交通运输仓储和邮政业	710.14	975.45	1076.60	1118.65	1201.29
批发零售和住宿餐饮业	204.77	325.39	364.79	419.54	574.59
生活消费	1869.55	2302.56	2499.49	2674.61	2581.04
其　他	465.13	742.45	785.63	846.24	811.96

数据来源：河北经济年鉴，2014。

综合上述分析来看，能源问题已成为制约河北省经济增长的瓶颈，能源消费构成不均衡，仍然以高污染、不可再生的煤炭和石油消费为主，终端消费仍以工业为主，造成了河北省能源利用效率低、供求短缺、环境污染高等不利局面。优化调整能源消耗结构、提高能源利用效率，是转变经济增长方式的客观需求，也是缓解能源供需矛盾、开发利用清洁能源、改善环境质量的现实选择。

2.2 河北省能源消费与经济增长的关系研究

2.2.1 河北省能源消费与经济增长的对比分析

改革开放以来，河北省经济的快速发展，依靠的是能源资源的大量投入来拉动经济增长，走的是一条粗放式发展道路。一般认为，能源的大量消耗促进了经济的迅猛发展，能源与经济增长之间是近似同步变化的过程。1981—2013 年间，河北省 GDP 由 222.54 亿元增长到 28301.4 亿元，年平均增长率为 15.81%，而相对应的，一次能源消费量也呈增长态势，由 3627.8 万吨标准煤上升到 31170.36 万吨标准煤，年平均增长率为 6.73%，显示出能源消费的增长速度要慢于 GDP 增长速度。但从图形走势（图 2-5）对比看，30 多年的发展，河北省能源消费与经济增长大致保持着同比增长的走势，但 GDP 增长的波动幅度较小，增速较快。由走势图的初步判断，河北省能源消费增长与经济增长基本上是同向变化的正相关关系，但两者之间具体的变化关系需要进行实证分析来验证。

能源消费强度，即单位 GDP 能耗，指的是一次能源消费总量与国内生产总值（GDP）的比率，单位一般是吨标准煤/万元，它是衡量能源消费水平和节能降耗状况的主要指标，反映了一个国家或地区经济活动中对能源的利用程度，也体现了经济结构和能源利用效率的变化。其计算公式为：

能源消费强度（单位 GDP 能耗）= 能源消费总量/万元 GDP（不变价）

本书以 1981 年不变价对河北省 GDP 现值进行转化，以剔除价格变化导致的价值波动。以不变价 GDP 值来计算河北省能源消费强度（图 2-6）。

由图 2-6 可以看出，1981 年以来，河北省能源消费强度整体上呈逐年下降

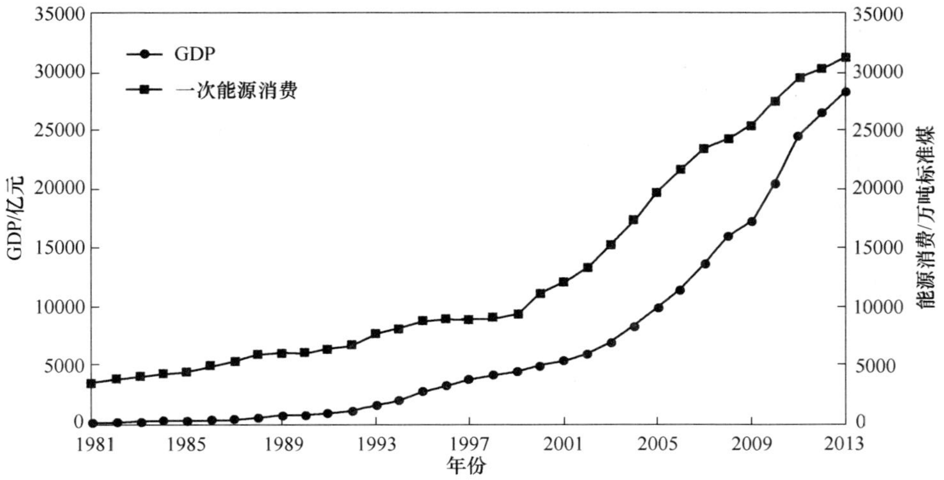

图 2-5　河北省 GDP 与能源消费变化走势

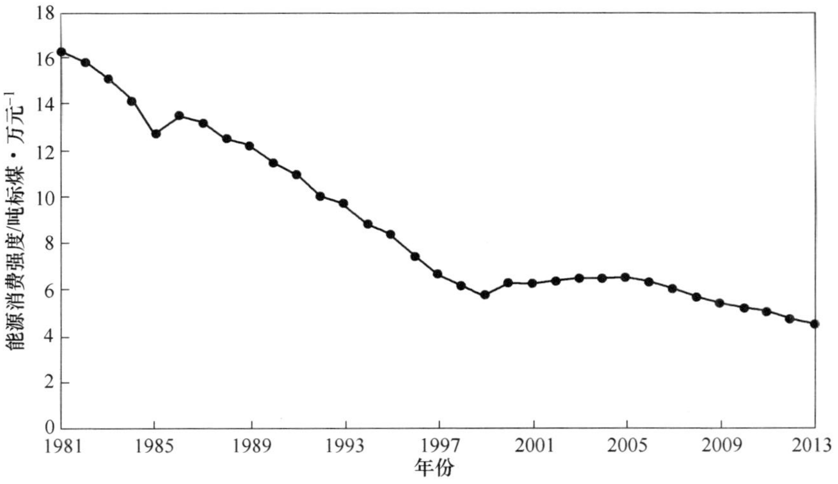

图 2-6　河北省能源消费强度变化走势

的走势，只在 1985 年、1999 年前后出现小幅波动。整体上来看，以 2000 年为界，可将能源消耗强度变化分为两个阶段：1999 年之前，河北省万元 GDP 能耗下降幅度较大，从 1981 年的 16. 30 吨标煤/万元下降到 1999 年的 5. 77 吨标煤/万元，这期间年均降幅为 5. 32%；而 2000—2013 年间，万元 GDP 能耗的下降幅度趋于缓和，到 2013 年为 4. 48 吨标煤/万元，这期间年均降幅为 2. 39%，下降走势显著放缓。综合来看，随着经济增长步伐的加快，能源利用效率的提高，能源消费强度的下降速度也较快，当其下降到一定程度后，下降速度开始放缓，但能源的高消耗、低效率现状，及经济增长对能源的依赖性在短期内仍将持续。

2.2.2 计量经济模型分析

本节实证研究，以河北省地区生产总值（GDP）作为衡量经济增长的指标，以能源消费总量作为反映河北省能源消费水平的指标，通过建立计量经济模型来实证分析河北省能源消费与经济增长之间的因果关系。这两个指标的数据均来源于《河北经济年鉴》，研究的时间区间是1981—2013年，能源消费总量（EC）是实物指标，单位是万吨标准煤，地区生产总值（GDP）是以1981年不变价为基期的GDP指数进行测算得出的实际GDP，单位是亿元。研究方法基于向量自回归模型中的协整检验、格兰杰因果关系进行检验。由图2-1可以看出，能源消费总量和GDP增长是带有趋势的、非平稳的，未来消除非平稳时间序列的异方差性，对河北省地区生产总值和能源消费总量的数据取自然对数，分别用LnGDP和LnEC来表示。实证分析过程均在Eviews7.0内完成。

2.2.2.1 平稳性检验

由于LnGDP和LnEC两个时间序列表现出非平稳性，且协整检验必须是对同阶单整序列进行检验，否则容易产生虚假回归问题，因此在协整检验之前，需要对这两个时间序列进行平稳性检验，检验序列是否平稳的方法为单位根检验，通常采用ADF检验法。ADF检验的结果见表2-2。

表2-2 LnGDP和LnEC序列的ADF单位根检验

变量	检验类型（C，T，P）	ADF检验值	临界值（1%，5%，10%）	检验结果
LnGDP	（C，N，2）	-0.387524	（-3.670170，-2.963972，-2.621007）	不平稳
	（C，T，3）	-4.074526	（-4.309824，-3.574244，-3.221728）	不平稳
	（N，N，2）	2.598471	（-2.644302，-1.952473，-1.610211）	不平稳
ΔLnGDP	（C，N，1）	-3.924366***	（-3.670170，-2.963972，-2.621007）	平稳
	（C，T，5）	-3.783806**	（-4.356068，-3.595026，-3.233456）	平稳
	（N，N，2）	-0.789571	（-2.647120，-1.952910，-1.610011）	不平稳
LnEC	（C，N，0）	0.175046	（-3.653730，-2.957110，-2.617434）	不平稳
	（C，T，1）	-1.970483	（-4.284580，-3.562882，-3.215267）	不平稳
	（N，N，0）	8.546160	（-2.639210，-1.951687，-1.610579）	不平稳
ΔLnPAT	（C，N，0）	-3.956261***	（-3.661661，-2.960411，-2.619160）	平稳
	（C，T，0）	-3.901013**	（-4.284580，-3.562882，-3.215267）	平稳
	（N，N，0）	-1.312054	（-2.644302，-1.952473，-1.610211）	不平稳

注：检验类型（C，T，P）中的C、T、P分别指常数项、时间趋势（N为不包含）和滞后阶数；**、***分别表示序列在5%、1%的显著性水平下拒绝原假设。滞后阶数基于SC准则。

每个变量分别采用三种模型进行检验，只要其中任何一个检验模型的 ADF 值的小于临界值，则可以认为该序列没有单位根，是平稳序列。从检验结果看，LnGDP 和 LnEC 两个序列的 ADF 检验值均大于 10%显著性水平下的临界值，接受存在单位根的原假设，说明 LnGDP 和 LnEC 都是非平稳的，而经过一阶差分后的时间序列的 ADF 检验值在不包含时间趋势情况下均小于 5%显著性水平下的临界值，则拒绝存在单位根的原假设，说明一阶差分后的序列在 5%显著性水平下是一阶平稳的，即 LnGDP 和 LnEC 均为一阶单整 I（1）序列，满足协整检验的条件。

2.2.2.2　协整检验

对于同阶单整的时间序列，这两个序列之间可能存在着某种协整关系，协整关系的存在意味着两者之间长期稳定的关系。由 ADF 检验可知 LnEC 和 LnGDP 都是一阶单整 I（1）序列，两者之间存在某种平稳的线性组合，可以进行协整分析。本部分采用 E-G 两步法对河北省能源消费总量和地区 GDP 两序列进行协整性检验。

首先，对 LnEC 和 LnGDP 两个时间序列进行普通最小二乘法估计（OLS），回归模型结果为：

$$LnGDP_t = 1.5436LnEC_t - 7.1287 + \varepsilon$$
$$(39.1431)\ (-19.5026)$$

其中，$R^2 = 0.9802$，F-statistic = 1532.19，D-W = 0.1995，由此可知，回归参数通过了显著性检验，回归模型拟合程度较好。

接下来，要检验回归残差序列的平稳性，对回归模型的残差进行 ADF 单位根检验，如果残差序列 ε_t 是平稳的，则两个序列之间存在协整关系，反之不存在。ADF 单位根检验结果见表 2-3。

表 2-3　残差序列的单位根检验

变量	检验类型（C，T，P）	ADF 检验值	临界值（1%，5%，10%）	检验结果
ε_t	（C，N，2）	-2.310976	（-3.670170，-2.963972，-2.621007）	不平稳
	（C，T，2）	-2.269439	（-4.296729，-3.568379，-3.218382）	不平稳
	（N，N，2）	-2.939325	（-2.644302，-1.952473，-1.610211）	平稳

由表 2-3 检验可以得出，当滞后阶数为 2，不含常数项和时间趋势项的情况下，残差序列 ADF 检验值小于 1%的显著性水平下的临界值，残差序列不包含单位根，ε_t 是平稳序列，这说明 LnPAT 与 LnGDP 之间存在协整关系，它们之间具有长期稳定的均衡关系。即能源消费量的弹性系数为 0.6350，说明能源消费每增加 1%，可带动河北省 GDP 提升 0.635%，这说明在长期发展过程中，能源消费

对河北省经济增长具有一定的拉动作用。

2.2.2.3 Granger 因果关系检验

协整检验的结果表明，河北省能源消费与经济增长之间存在长期稳定的均衡关系，但这种均衡关系是能源消费引起 GDP 变动的结果，还是 GDP 引起能源消费的结果，或是两者互为因果的关系？需要对能源消费和地区生产总值进行格兰杰（Granger）因果关系检验，即检验 LnEC 和 LnGDP 的 Granger 因果关系。

因果关系的检验需要确定滞后阶数，根据 LR、FPE、AIC、SC 和 HQ 五个判断准则进行分析（表 2-4），得出最佳滞后阶数为 2。

表 2-4 滞后阶数判断准则

Lag	LogL	LR	FPE	AIC	SC	HQ
0	-14.56266	NA	0.009980	1.068558	1.161074	1.098716
1	124.7006	251.5724	1.62e-06	-7.658106	-7.380560*	-7.567633
2	130.8840	10.37200*	1.41e-06*	-7.798965*	-7.336388	-7.648176*

注：*表示从每一列标准中选的滞后数。

由表 2-4 选择滞后期 2 为基准，对河北省能源消费和地区生产总值的 Granger 因果关系进行检验，结果见表 2-5。

表 2-5 LnEC 与 LnGDP 的 Granger 检验结果

原假设	滞后期	F 值	Prob	结论
LnEC 不是 LnGDP 的格兰杰原因	2	1.33159	0.0281**	拒绝
LnGDP 不是 LnEC 的格兰杰原因	2	0.68013	0.5153	接受

注：**表示 5%显著性水平下拒绝原假设。

由表 2-4 可以看出，滞后 2 阶前提下，“LnEC 不是 LnGDP 的格兰杰原因”的原假设的 F 值显著不为 0，P 值小于 5%显著性水平，因此，拒绝原假设，说明能源消费变动是引起地区生产总值变动的原因，随着河北省能源消耗的增长，地区生产总值也在提高；但“LnGDP 不是 LnEC 的格兰杰原因”的原假设的 F 值显著不为 0，但 P 值大于 5%显著性水平，因此，接受原假设，说明地区生产总值变动不是引起能源消耗变动的原因，表明地区生产总值的增长对河北省能源消费的带动作用较有限。因而可以说，河北省能源消费与经济增长之间存在单向 Granger 因果关系，能源消费的增加导致 GDP 的增长，但 GDP 增长并不必然导致能源消费的增加，且存在滞后性。

2.2.2.4 误差修正模型

通过协整检验和 Granger 因果关系检验可知，河北省能源消费与经济增长之间存在长期稳定的均衡关系，且存在能源消费到 GDP 增长的单向因果关系，而误差修正模型（ECM）用来研究两时间序列之间短期波动的关系，并将短期波动与长期均衡联系起来。为分析河北省能源消费与经济增长之间短期动态关系，以 E-G 两步法建立的协整回归方程为基础，构建误差修正模型：

根据协整检验的回归模型：$LnGDP_t = 1.5436LnEC_t - 7.1287 + \varepsilon$，

导出残差 ECM 序列（ε）：$ECM = LnGDP_t - 1.5436LnEC_t + 7.1287$，

建立误差修正模型：$\Delta LnGDP_t = \beta_0 + \beta_1 \Delta LnEC_t + \alpha ECM(-1) + \gamma$，并通过最小二乘法估计模型：

$$\Delta LnGDP_t = 0.0977 + 0.1463\Delta LnEC_t + 0.0454ECM(-1)$$
$$(11.8234)\quad(1.4095)\qquad\quad(0.9572)$$

其中 $R^2 = 0.279$，D-W = 1.09，ECM（-1）是滞后一期的误差修正项，它是协整方程的残差序列，反映了两时间序列在短期波动中偏离长期均衡关系的程度。

在误差修正模型中，GDP 的短期波动一方面是能源消费波动的影响，$\Delta LnEC_t$ 的弹性系数为 0.1453>0，说明能源消费的变动引起 GDP 的同方向变动，能源消费每增长 1%，将带动 GDP 增长 0.1453%，即能源消费量的增长对经济增长具有正向促进作用；另一方面是偏离长期均衡的影响，ECM（-1）的系数决定了对偏离长期均衡的调整力度，误差修正项系数为 0.0454，意味着 ECM（-1）以 4.54%的比例对下一年的 GDP 增长的短期变化产生正的影响，当短期波动偏离长期均衡时，将以 0.0454 的调整力度将非均衡状态拉回到均衡状态，将经济增长向长期均衡状态收敛。

2.3　河北省能源消费的投入产出分析

2.3.1　能源消费部门划分

河北省能源消费的投入产出分析依托于《2012 河北省投入产出表》，而投入产出表中通用的部门划分是将国民经济部门划分为 42 个产业部门，本书考虑到各产业部门对能源消耗的差异性，并结合 2012 年能源平衡表（实物量），将 42 个部门通过合并、整合，得到 6 大部门，具体为农业、工业（包括采掘业、制造业、电力热力燃气及水的生产和供应业等）、建筑业、交通邮电业（包括交通运输、仓储和邮政等）、商业餐饮业（包括批发零售、住宿、餐饮业等）及其他消费部门（包括金融、房地产、科教文卫、公共管理、社会保障等非物质生产部门）。经过计算、整理后的投入产出表见附表 6，该 6 部门投入产出表能够反映河北省能源消耗的主要来源，故本书以 6 部门投入产出表对河北省能源消费结构进行分析。

2.3.2 能源消费投入产出分析

能源投入产出分析是在传统投入产出核算理论基础上，加入与国民经济密切相关的能源消费要素，分析经济增长与能源利用之间的相互关系。在分析之前，有必要了解投入产出的基本模型。

2.3.2.1 河北省能源消费结构分析

经济增长过程中必然产生能源消费，不同产业部门对能源的消费具有差异性，本书以 2013 年各产业能源消费数据为基础，结合 2012 年河北省 6 部门投入产出表，对河北省能源消费投入产出结构进行分析。河北省能源消费主要包括煤炭、油品、天然气和电力消费 4 种类型，4 种能源消费类型与 6 个消费部门形成 4×6 阶矩阵，即为能源流量矩阵，将能源投入、最终需求、总产出等加入到 6 部门投入产出表下面，编制能源投入产出表（附表 7），以求解能源投入的直接能源消耗系数和完全能源消耗系数。

由于能源平衡表中各类能源的单位不统一，需要将其统一折算为吨标准煤，折算系数见表 2-6。这 4 类能源消费量由各种能源消耗量乘以折标系数加总而来，4 类能源消费量的总和构成一次能源消费量。

表 2-6 各种能源折标准煤参考系数表

能源名称	计量单位	参考折标系数/吨标煤	能源名称	计量单位	参考折标系数/吨标煤
原煤	吨	0.7143	其他煤气	万立方米	1.7~12.1
洗精煤	吨	0.9	天然气	万立方米	11~13.3
其他洗煤	吨	0.2~0.7	原油	吨	1.4286
煤制品	吨	0.5~0.7	汽油	吨	1.4714
型煤	吨	0.5~0.7	煤油	吨	1.4714
水煤浆	吨	0.714	柴油	吨	1.4571
煤粉	吨	0.7143	燃料油	吨	1.4286
焦炭	吨	0.9714	液化石油气	吨	1.7143
其他焦化产品	吨	1.1~1.5	炼厂干气	吨	1.5714
焦炉煤气	万立方米	5.714~6.143	其他石油制品	吨	1~1.4
高炉煤气	万立方米	1.286	电力	万千瓦时	1.229

注：折标系数来自《中国能源统计年鉴》。

在能源投入产出表中，用 E_{kj} 表示第 j 部门在生产过程中对第 k 种能源的投入量，4×6 阶矩阵构成能源流量矩阵，以 E_{ky} 表示对第 k 种能源的最终需求，包括最终消费、加工转换、库存、回收能、净流出等，E_k 表示第 k 种能源的总产出，能源投入同样满足行平衡。

能源投入的直接消耗能源系数用 c_{kj} 表示，$c_{kj}=E_{kj}/X_j$，表示第 j 部门生产单位产值对第 k 种能源的消费量，$C=\{c_{ij}\}$ 则为直接能源消耗系数矩阵。能源投入的完全消耗能源系数用 d_{ij} 表示，是指第 j 部门每生产一个单位最终产品时，需要完全消耗第 k 种能源的数量，$D=(I-A)^{-1}C$ 为完全能源消耗系数矩阵。在生产系统内部，完全能源需求系数矩阵 $\overline{D}$ 与完全能源消耗系数矩阵本质上是相等的，即 $\overline{D}=D$。

依据 2012 年河北省投入产出表及能源平衡表可以求得 2012 年直接消耗系数矩阵 A、完全消耗系数矩阵 B、完全需求系数矩阵（列昂惕夫逆矩阵）L、直接能源消耗系数矩阵 C、完全能源消耗系数矩阵 D 和完全能源需求系数矩阵 $\overline{D}$。根据上述公式，得到：

$$A=\begin{Bmatrix} 0.148298 & 0.043283 & 0.003646 & 0.000069 & 0.034833 & 0.004317 \\ 0.224302 & 0.626401 & 0.628913 & 0.284358 & 0.089305 & 0.169004 \\ 0.000015 & 0.000317 & 0.025565 & 0.002823 & 0.001834 & 0.002438 \\ 0.010228 & 0.033657 & 0.029772 & 0.140027 & 0.026435 & 0.028532 \\ 0.016965 & 0.016445 & 0.016898 & 0.010523 & 0.017143 & 0.029141 \\ 0.003451 & 0.031691 & 0.027207 & 0.103985 & 0.102834 & 0.199681 \end{Bmatrix}$$

$$B=\begin{Bmatrix} 0.216436 & 0.152622 & 0.107105 & 0.056943 & 0.063257 & 0.043450 \\ 0.798544 & 1.942622 & 1.960832 & 1.067138 & 0.399629 & 0.684273 \\ 0.000608 & 0.001779 & 0.027672 & 0.004449 & 0.002614 & 0.003764 \\ 0.048445 & 0.123474 & 0.119878 & 0.213399 & 0.053318 & 0.071901 \\ 0.036306 & 0.057392 & 0.057642 & 0.037989 & 0.030448 & 0.051366 \\ 0.047846 & 0.140658 & 0.136024 & 0.205190 & 0.155517 & 0.292855 \end{Bmatrix}$$

$$L=\overline{B}=\begin{Bmatrix} 1.216436 & 0.152622 & 0.107105 & 0.056943 & 0.063257 & 0.043450 \\ 0.798544 & 2.942622 & 1.960832 & 1.067138 & 0.399629 & 0.684273 \\ 0.000608 & 0.001779 & 1.027672 & 0.004449 & 0.002614 & 0.003764 \\ 0.048445 & 0.123474 & 0.119878 & 1.213399 & 0.053318 & 0.071901 \\ 0.036306 & 0.057392 & 0.057642 & 0.037989 & 1.030448 & 0.051366 \\ 0.047846 & 0.140658 & 0.136024 & 0.205190 & 0.155517 & 1.292855 \end{Bmatrix}$$

$$C=\begin{Bmatrix} 0.000002 & 0.000030 & 0.000000 & 0.000001 & 0.000003 & 0.000003 \\ 0.000005 & 0.000001 & 0.000005 & 0.000016 & 0.000001 & 0.000002 \\ 0.000000 & 0.000001 & 0.000000 & 0.000001 & 0.000000 & 0.000000 \\ 0.000002 & 0.000005 & 0.000001 & 0.000002 & 0.000003 & 0.000002 \end{Bmatrix}$$

$$D=\overline{D}=\begin{Bmatrix}0.000026 & 0.000088 & 0.000059 & 0.000033 & 0.000016 & 0.000025\\0.000008 & 0.000005 & 0.000009 & 0.000021 & 0.000003 & 0.000004\\0.000001 & 0.000002 & 0.000001 & 0.000002 & 0.000001 & 0.000001\\0.000007 & 0.000017 & 0.000012 & 0.000008 & 0.000005 & 0.000006\end{Bmatrix}$$

需要说明的是，直接能源消耗系数、完全能源消耗系数及完全能源需求系数的单位为吨标准煤/元，其对能源消费投入产出分析不产生实质性影响。

在直接能源消耗系数矩阵方面，对于煤炭资源，工业直接消费煤炭的水平最高，直接能源消耗系数为各部门中最高，为0.00003，显示出工业部门生产运营中的高能耗，商业餐饮业和其他部门次之，直接消费煤炭水平较高；对于油品资源，直接能源消耗系数最高的是交通邮电业，系数为0.000016，交通邮电涉及货运、物流、仓储等流通部门，对石油消费量较大，农业和建筑业次之，对石油消耗水平一般；各部门对天然气的直接消耗水平均较低，反映出天然气作为绿色能源，对其消费利用水平仍待提高；对于电力资源，直接能源消耗系数最高的是工业，系数为0.000005，其他部门对电力的消耗水平差异较小。

在完全能源消耗系数矩阵和完全能源需求系数矩阵方面，对于煤炭资源，完全能源消耗系数最大的部门是工业，系数为0.000088，反映出工业部门煤炭资源利用水平较高、消费量大，建筑业完全消费煤炭资源量次之；对于油品资源，完全能源消耗系数最大的部门是交通邮电业，系数为0.000021，说明交通邮电业从直接和间接方面对石油资源的消费水平较高；对于天然气资源，各部门的完全能源消耗系数差异性较小，对天然气资源的利用水平有待提高；对于电力资源，完全能源消耗系数最大的部门是工业，系数为0.000017，建筑业次之，反映出工业和建筑业对电力资源消耗的水平较高，而其他部门的能耗差异性较小。

由以上分析可以发现，直接能源消耗系数较高的部门，其完全能源消耗系数也较高，整体上能耗水平由高到低排序为：工业、交通邮电业、建筑业、商业餐饮业、农业及其他，这与河北省仍以工业为主导产业的经济增长方式相关联，工业的发展仍依赖能源的大量消耗，这其中以煤炭资源的消耗量最大，在河北省经济增长“调结构、稳增长”的过程中，降低工业的高能耗水平，是经济保持可持续发展的关键。

2.3.2.2 产业波及分析

产业波及是指国民经济产业体系中，当某一产业部门发生变化，这一变化会沿着不同的产业关联方式，引起与其直接相关的产业部门的变化，并且这些相关产业部门的变化又会导致与其直接相关的其他产业部门的变化，依次传递，影响力逐渐减弱的过程。产业波及分析主要以两个系数来体现：感应度系数和影响力系数。感应度系数反映某一产业部门受其他产业部门的波及作用，影响力系数反映某一产业部门对其他产业部门的波及作用。这两个系数可由列昂惕夫逆矩阵 $L=(I-A)^{-1}$ 求得，则某产业感应度系数 E_i 和影响力系数 F_j 的计算公式分别为：

$$E_i = \frac{n(\sum_{j=1}^{n} l_{ij})}{\sum_{i=1}^{n}\sum_{j=1}^{n} l_{ij}},\quad F_j = \frac{n(\sum_{i=1}^{n} l_{ij})}{\sum_{i=1}^{n}\sum_{j=1}^{n} l_{ij}}(i=1,2,\cdots,n;\ j=1,2,\cdots,n)$$

当某产业的感应度系数 $E_i \geqslant$（或<）1 时，表明该产业部门所受到其他产业部门波及的感应程度≥（或<）社会平均感应度水平，感应度系数越大，该部门所受到的需求压力越大；同理，当某产业的影响力系数 $F_j \geqslant$（或<）1 时，表明该产业部门对其他产业部门所产生的波及影响程度≥（或<）社会平均影响力水平，影响力系数越大，该部门对国民经济各部门拉动作用越大。

根据整理后的 6 部门 2012 年河北省投入产出表和能源平衡表，计算各部门感应度系数和影响力系数（表 2-7）。

表 2-7　2012 年 6 部门感应度系数和影响力系数表

部门	感应度系数	影响力系数
农业	0. 638333	0. 836228
工业	3. 056968	1. 330745
建筑业	0. 405188	1. 327088
交通邮电业	0. 634676	1. 006311
商业餐饮业	0. 494820	0. 663624
其他	0. 770015	0. 836004

将感应度与影响力两个因素结合起来考虑，从表中可以看出，河北省 6 大部门中，只有工业部门的感应度系数和影响力系数均大于 1，反映出工业部门在河北省经济增长中的战略地位，工业也是国民经济的支柱产业部门，一方面工业对其他部门的辐射作用、拉动作用超过社会平均水平，另一方面对满足其他部门生产需要的感应程度也要高于社会平均水平；建筑业和交通邮电业的影响力系数大于 1 而感应度系数小于 1，说明建筑业和交通邮电业对其他部门的拉动提升作用较强，而受到其他部门波及的感应程度较低，反映出建筑业和交通邮电业对经济增长具有一定的拉动作用；农业和商业餐饮业的感应度系数和影响力系数均小于 1，说明这两个产业并不是河北省经济增长的主导产业，发展较缓慢，对国民经济的带动能力较小。

2. 3. 2. 3　能源最终使用分析

在传统投入产出表中最终使用部分，一般包括最终消费（居民消费、政府消费)、资本形成总额（固定资产、存货等)、进出口情况、流入流出等项目，具体到能源投入产出表，结合2012年能源平衡表，对其进行整合、简化，最终使用包括最终消费（生活消费等)、损失量、加工转换量、净流出等项目（附表7)，根据这4项内容对河北省能源投入的最终使用情况进行分析。

在最终使用方面，4种能源类型由大及小排序依次为：煤炭>电力>石油>天然气，显示出河北省经济增长过程中仍较多依赖于煤炭资源的消耗，且电力资源开发主要包括水电和火电，仍离不开煤炭的消耗，天然气资源的最终消费最少，利用水平较低，未来的消费潜力巨大，河北省经济在可持续发展过程中，应减少对煤炭的依赖，同时提高对天然气等绿色能源的利用水平。

在损失量方面，电力资源投入消费过程中的损失量最大，利用效率较低，而煤炭和天然气投入消费的损失量为0，说明其在消费过程中能够全部利用，石油资源消费的损失量较小；在加工转换方面，煤炭和电力资源的转换过程中，产生较大的投入量（+）和产出量（-）；在净流出方面，煤炭和天然气净流出量为负，说明煤炭和天然气消费仍然不能满足河北省内生产生活的需要，需要从省外调入或国外进口，而石油和电力资源的消费能够满足省内生产生活的需求，且仍有余额向省外输入，尤其以电力资源的输出额最大。

2.4 河北省优化能源消耗结构的路径和措施研究

2.4.1 河北省能源消费存在的问题

河北省经济的快速增长建立在能源大量消耗的基础上，是名副其实的能源消费大省，虽然“十二五”以来河北省大力推进节能降耗工作、加快产业结构调整，但目前以高耗能行业为主的经济增长格局仍未改变，向低能耗、高效率行业转型的局势仍不明朗。结合1~2章的实证分析结果，河北省能源消费仍存在以下问题：

(1) **能源消费结构不合理**。我国是一个富煤、缺油、少气的国家，这样的能源特点决定了我国以煤为主的能源消费结构，煤炭在一次能源消费中所占比例高达60%~70%，而河北省甚至还高出了这一比例。2012年河北省能源消费结构中，煤炭消费占总量的88.81%，石油消费占比7.7%，天然气消费占比1.94%，而同期，全国能源消费结构中煤炭消费占比70.6%，石油消费占比19.9%，天然气消费占比5.6%，河北省煤炭消费高出全国18.21个百分点，石油和天然气消费占比过低，整体上，能源消费结构单一且不合理，过重依赖煤炭消费，新型能源利用不足，导致节能降耗工作开展缓慢、污染治理和环境保护仍待加强。

(2) **能源消费缺口依然偏大**。从能源投入产出表中的净流出可以发现，煤炭和天然气净流出量为负，说明煤炭和天然气消费仍然不能满足河北省内生产生活的需要，需要从省外调入或国外进口，目前，河北省所产煤炭只能满足自身需求量的一半，尤其全省电煤需求量的2/3需从省外调入。河北省煤炭消耗大与开发强度大共存，后备资源不足，导致开发潜力有限，因而煤炭资源消费短缺问题将会进一步严重。而在石油、天然气供给方面，虽有冀东南堡油田的发现，但供给压力仍不小。在今后的一段时期内，煤炭、石油和天然气仍将构成河北省能源消费的主要结构，能源供给率逐年下降，对外依存度逐年上升，供需形势将非常严峻。

（3）**能源利用效率仍然偏低**。虽然河北省的能源利用效率逐步提高，单位GDP能耗已有明显下降，但相比其他省市，河北省仍然是全国的能耗大省，能源利用效率依然偏低。2012年，河北省能耗总量为30250.21万吨标准煤，居全国前列；单位GDP能耗1.138吨标准煤/万元，比全国平均水平（0.677吨标准煤/万元）高出68.1%，位居全国前列，能源利用效率形势不容乐观。

2.4.2　河北省能源消费结构优化路径及措施

河北省能源消费与经济增长关系密不可分，能源消费支撑着经济的快速发展，同时经济增长也带动能源的大量消耗，在当前能源消费结构不合理、能源供需形势不乐观的背景下，为确保河北省能源供应安全、优化能源消费结构，应结合河北省经济发展现状及产业结构调整的目标，从以下几个方面优化能源消费结构：

（1）**改变过重依赖煤炭的单一消费结构**。河北省经济增长过重依赖煤炭资源的消耗，煤炭消费比重过大，导致河北省经济难以可持续发展，应当因地制宜地制定能源发展政策，逐步改变当前能源消费中煤炭比重过大的能源消费结构，构建煤、油、气、电等并举的多元化消费结构。减少对煤炭、石油等传统能源品种的依赖，逐步提高清洁能源、可再生能源等新能源的消费比重。

对于煤炭消费，河北省能源资源的特点决定了在短期内无法彻底改变以煤为主的能源消费结构，煤炭将继续是河北省的基础能源。因此，必须提倡对煤炭的有序发展。应鼓励优势煤炭企业改造重组中小煤矿，依法关闭不具备安全生产条件、破坏资源和环境的小煤矿，发展高效高产大型煤矿，提高煤炭采收率；发展煤炭液化、气化，鼓励瓦斯抽采利用，促进煤炭由直接燃烧向高效清洁利用转变；开展煤矸石、煤泥、煤层气综合开发利用，提高资源利用效率。

加快发展油气，提高油气资源的消费比例。河北省应该抓住“西气东输”和曹妃甸原油码头和液化天然气码头建设机遇，加大石油、天然气的开发和引进力度，依托新发现的冀东南堡大油田，提高省内油气开发利用程度，加快省内油气管线建设，形成较为完善、安全稳定、调度方便的油气管线网络，争取油气需求的自主解决，从而降低河北省能源的对外依存度，并改善不合理的能源消费结构。

（2）**加快提高能源利用效率**。钢铁、建材、化工等高耗能产业是河北省的支柱产业，河北省经济的快速增长依赖于高耗能产业的发展，但高耗能产业对能源的消费比重大、效率低、污染严重，严重影响河北省经济的可持续发展，必须加快淘汰高耗能行业的落后产能，努力加快提高能源利用效率，积极推行节能降耗政策的宣传与实施，大力推广节能减排技术，加快对传统高耗能产业的核心技术、工艺和设备的改造升级，将高新技术运用到高耗能行业的产业升级。同时，加快科技研发力度，加强能源利用技术的自主创新，把节能技术的自主研发、技术引进再创新等作为突破口，着力解决核心技术、关键设备和最优流程等重大问题，并加上节能技术的科技成果的转化，通过新技术降低能源消耗、环境能源供应紧张。

（3）**加快推进结构优化升级**。河北省正处在工业化、城市化快速发展的关键阶段，过于偏重钢铁、建材、化工等高耗能行业的产业结构，是造成河北省能源消费量大、能源利用效率低、能源供求形势紧张的主要原因，要改变高投入、高消耗、低效率的粗放式经济增长方式，必须加快推进产业结构的优化升级。

河北省经济增长过程中高耗能、高污染、低效率的工业部门所占比重过大，应对产业结构实施战略性调整，促使产业结构向能源节约型和集约化的方向转变，控制高耗能行业的过快发展，同时大力发展低能耗、高附加值的高新技术产业和现代服务业，这是调整以煤炭为主的能源消费结构的关键举措。

高耗能、高污染行业主要集中在第二产业，而第三产业具有低能耗、少污染的特点，加快发展第三产业，能够有效缓解河北省经济增长对能源消费的需求，河北省应该依托京津冀协同发展的地理区位优势，吸引北京、天津的现代服务业和高新技术产业来河北投资，加大对第三产业的政府扶持力度，发展以石家庄、唐山、保定等市为核心的旅游会展、文化传媒、房地产、信息技术等新兴服务业，提高经济可持续发展能力。

下篇

创新驱动河北省经济升级转型

当前河北省经济发展面临三大亟待解决的问题：一是经济增长方式亟待转型，由高投入高消耗的粗放型增长方式转向资源集约、创新与价值引领的增长方式；二是避免落入“中等收入陷阱”，陷入经济发展的恶性循环；三是培育战略性新兴产业，引领经济可持续增长。解决这三大问题的核心就是要增强企业的创新能力，让创新引领河北省未来经济的发展。因此，无论是从外部环境，还是从省内情况看，河北省经济发展面临的唯一出路就是提升企业创新能力、价值创造能力。本篇首先分析河北省企业技术创新对经济增长的促进程度及影响作用，以期了解河北省企业技术创新的投入强度、产出效益、新产品等方面对经济增长的推动作用；然后分析影响企业创新绩效的关键因素，进一步探讨这些因素之间的相互关系，并提出提高企业创新绩效的路径及对策。

高新技术产业是河北省经济升级转型的战略选择。科技研发是创新的基础，高新技术产业的科技研发直接决定了高新技术产业的创新能力和可持续发展。本篇在定性分析河北省高新技术产业科技研发现状和存在问题的基础上，研究科技研发活动、技术创新和经济增长之间的逻辑关系，采用主成分分析法分析河北省高新技术产业科技研发投入产出影响要素，运用非参数DEA方法分析河北省高新技术产业科技研发的投入产出效率，最后探讨提高河北省高新技术产业科技研发效率的路径和措施。以上研究对于提高河北省企业创新绩效，推动河北省高新技术产业科技研发效率，调整优化产业结构，并最终实现河北省经济、社会和环境的可持续发展都具有重大现实意义。

3　河北省企业创新对经济增长的作用分析

3.1　河北省企业技术创新发展现状分析

3.1.1　研究背景

中国经济网北京2015年11月12日讯，汤森路透旗下的知识产权与科技事业部当天发布了2015年全球百强创新机构榜单。在《2015年全球百强创新机构》里，日本以40家高居榜首，美国有35家，而中国内地却无一入围。经济实力的比拼，从来不靠GDP，而是靠技术创新和对产业链的掌控。日本为了重新振兴经济，加大了对创新、研发、产业整合、重组等环节的投入。日本在创新方面采取的措施，值得我们思考和借鉴。

河北省作为经济大省，内环京津，东临渤海，区位优势显著，但河北省企业创新发展与京津相比仍有较大差距。河北省"十三五"规划建议提出，要深入实施创新驱动发展战略，发挥科技创新在全面创新中的引领作用，强化原始创新、集成创新和引进消化吸收再创新，强化企业创新主体地位和主导作用，支持科技型中小企业健康发展，形成一批有国际竞争力的创新型领军企业。鉴于此，本书立足于河北省实际，在定性分析河北省企业创新发展现状与存在问题的基础上，采用非参数DEA方法对1999—2013年期间河北省工业企业创新效率进行分析，得出河北省工业企业创新效率逐步提升，技术创新水平在波动中稳步提高的结论；进一步采用协整理论与方法，对1999—2013年内河北省工业企业创新水平与经济增长的关系进行实证研究，以考察两者之间是否存在双向因果关系；最后从企业创新主体、新产品开发、创新成果转化效率、资金支持、人才培育和企业规模等方面提出相关建议。

3.1.2　河北省企业技术创新发展现状分析

随着河北省经济社会的快速发展，河北省企业创新进步显著。2014年河北省经济年鉴数据显示，河北省R&D经费内部支出由2005年的59.32亿元上升到2013年的282.53亿元，平均增长幅度达到18.94%。而R&D经费内部支出占GDP比重由2005年的0.59%上升到2013年的1.00%。在此，本书对河北省企业技术创新现状进行简要分析。

3.1.2.1 R&D 人员投入现状

R&D 人员是企业技术创新的第一要素，其投入强度是衡量企业技术创新能力的重要指标。R&D 人员是技术开发人员中从事基础研究、应用研究和试验发展三类活动的人员。河北省 R&D 人员全时当量由 2005 年的 41990.2 人 · 年上升到 2011 年的 73024.8 人 · 年，至 2014 年已达到 92903 人 · 年，年平均增长率为 8.27%。但从总体上看，河北省 R&D 人员投入仍然比较薄弱，难以满足企业创新发展的需要。

3.1.2.2 R&D 经费投入现状

R&D 经费投入体现出区域对技术创新活动的资金投入程度。2005 年，河北省 R&D 经费内部投入为 59.3 亿元，2013 年达到 282.53 亿元，较 2012 年增长 18.2%，占全省生产总值的 1.0%，同比提高 0.08 个百分点，其中政府资金支持 38.98 亿元，企业自有资金 237.73 亿元，技术创新活动仍以企业自身投入为主。另一方面，R&D 经费支出占 GDP 比重仍然较低。

3.1.2.3 创新产出现状

企业技术创新产出是指通过技术创新活动所产生的各种形式的结果，是反映企业技术创新能力的重要标志。在某种程度上，一个地区创新能力重点反映在企业技术创新的产出上，因此这一指标对企业技术创新非常关键。国外一般用发明专利作为重要指标，但从发明到创新还有一个相当长的过程，仅用发明专利来代表技术创新产出水平，又欠全面。为此，除用专利外，还用科技产出及成果来反映技术创新的产出，这样能够比较客观地反映技术创新的产出水平和技术创新的市场价值：

（1）专利产出。专利是企业技术创新的一种重要产出形式，专利分为发明、实用新型和外观设计三种，其中发明专利最能代表技术创新水平。专利指标又由专利申请和专利授权两部分构成。河北省专利申请数由 2010 年的 1.23 万件上升到 2013 年的 2.7619 万件，年均增长率为 22.41%。专利授权数由 2010 年的 1.0061 万件上升到 2013 年的 1.8186 万件，年均增长率 15.95%。虽然河北省企业的技术创新专利产出有了很大提升，但同先进地区的差距还比较明显。

（2）创新企业。在被调查的 21184 个企业中，其中 8836 个企业有创新活动，约占 41.7%，成功实现创新的企业 8688 个，约占有创新活动企业的 98.3%。有产品或工艺创新活动的企业 5432 个，约占有创新活动企业的 61.5%。2015 年末创新活动从业人员数 501.2 万人，创新企业主营业务收入 6.3 万亿元，出口交货值达 1708 亿元，利润总额达 3078 亿元，资产总计 5.9 万亿元。

3.1.2.4　企业创新政策效果

被调查的 21142 个企业家中，认为有关政策对企业开展创新活动影响为“低”或“无”的企业家数在 20%~30%。在未开展产品或工艺创新活动的企业中，排在首位的是暂时没有进行创新的必要，占 19.5%；缺乏人才或人才流失占 19.5%；缺乏技术方面的信息占 13%。

关于九项创新政策的效果，在被调查的企业中，有 30%~40%认为效果中等，有 40%~50%认为政策对自己企业没有影响。在其原因调查中，有 51%~73%的企业不具备享受优惠的资格，10%~20%的企业表示不知道该政策。其中鼓励企业吸引和培养人才的相关政策，不知道的企业约占 25%，吸引力不足占 17.8%。政府应做出适当调整，加大宣传力度，惠及大多数企业，扶持激励中小企业创新活动。

3.1.3　河北省企业技术创新发展存在的问题

在当前产业结构优化调整、传统行业改造升级的大背景下，河北省企业创新活动开展的主体包括工业企业、建筑业企业和服务业企业，其中工业企业创新活动应最为活跃。由于体制机制方面的原因，河北省企业创新发展仍存在诸多问题：

（1）高水平研发人才缺乏。就工业企业而言，2013 年河北省工业企业 R&D 人员全时当量为 65048.5 人·年，较 2012 年增长了 16.2%，但与全国相比，仅占到全国的 2.6%，过小的比重显示河北省工业企业所需的具有研发能力的专业人才、研发人才及管理人才等高素质人才严重不足。随着工业转型升级的加速，高素质人才将更加短缺，相比京津两地的发展空间、福利待遇，河北省企业对人才吸引力有限，人才流失严重。

（2）研发经费投入强度不足。企业创新活动的有效正常开展运行离不开研发资金的投入，2013 年河北省规模以上工业企业 R&D 经费内部支出 232.74 亿元，仅占到主营业务收入的 0.5%，虽然同比增长了 0.05 个百分点，但企业 R&D 经费投入依然偏低，企业开展创新活动缺乏动力，创新成果难以推动企业创新水平向更高层次发展。

（3）政府的创新资金支持不足。政府在企业创新发展过程中起到引导员的作用，政府的支持力度越大，企业才能更好更快发展。2013 年河北省企业 R&D 经费内部支出 282.53 亿元，其中来源于政府的资金为 38.98 亿元，所占比重为 13.79%，企业自有资金为 237.73 亿元，所占比重为 84.14%，远大于政府资金支持。企业开展研究开发、技术进步活动仍旧依赖企业自身的资金积累，政府支持力度有待进一步提高。

（4）产学研合作不协调。产学研协调发展要求企业、高等院校与科研院所之间通力合作、相互配合，发挥各自优势，促进技术创新上、中、下游的对接与耦合，促进技术创新成果转化为现实生产力。河北省企业的科技研发实力有限，而目前科技创新活动主要集中在高等院校、科研院所等研发单位，产学研合作缺乏互动、科技成果转化率低下、产学研效益不高。同时，研发单位的科技成果与企业的生产实际相脱节，难以推动科技成果产业化发展。企业对产学研的重视程度不够，政府在企业、高等院校、科研院所之间的引导协调作用不强，机制不完备，导致河北省产学研合作的不协调，科技创新成果利用率不高，难以有效促进企业开展科技创新活动。

3.2 河北省企业技术创新效率分析

3.2.1 研究对象及研究方法

河北省统计局创新调查对象包括工业企业、建筑业企业及服务业企业，受限于数据的可得性，本书选取工业企业为实证对象，数据来源于《中国科技统计年鉴》，研究的时间区间为 1999—2013 年，共 15 年数据，由于历年统计口径的变化，2004 年之前数据统计的是大中型工业企业，2004 年之后（包括 2004 年）的数据统计的是规模以上工业企业。

在实证方法方面，研究技术创新效率的方法主要有参数方法和非参数方法。非参数方法以数据包络分析（DEA）为主，DEA 方法的最大特点是支持多投入产出指标运算，且不需要考虑指标量纲。本研究采用非参数的 DEA 方法对工业企业创新效率进行分析。

3.2.2 评价指标体系构建

企业的技术创新是一项复杂的系统工程，技术创新活动不是由单个独立的变量决定的，而是由一群有直接或间接联系的因素通过不同作用方式在特定的区域与历史条件下共同决定的，因此需要考虑技术创新过程中投入产出的各方面因素。本书选取的企业创新投入指标为 R&D 人员、R&D 经费、其他技术活动经费（包括技术改造经费、技术引进经费、消化吸收经费及购买国内技术经费等），选取的企业创新产出指标为新产品销售收入、专利申请量，通过以上 5 个投入产出指标（表 3-1）对河北省工业企业技术创新效率进行 DEA 评价分析。

表 3-1　DEA 投入产出指标体系

<table>
<tr><th>指标体系</th><th>一级指标</th><th>二级指标</th><th>指标代码</th></tr>
<tr><td rowspan="3">投入指标</td><td>人力投入</td><td>R&D 人员</td><td>X_1</td></tr>
<tr><td rowspan="2">资金投入</td><td>R&D 经费</td><td>X_2</td></tr>
<tr><td>其他技术活动经费（包括改造、引进、消化吸收等）</td><td>X_3</td></tr>
<tr><td rowspan="2">产出指标</td><td>知识产出</td><td>专利申请量</td><td>Y_1</td></tr>
<tr><td>经济产出</td><td>新产品销售收入</td><td>Y_2</td></tr>
</table>

3.2.3　河北省工业企业创新效率的 DEA 分析

本书采用投入导向型的 BCC 模型，使用 DEAP2.1 软件对河北省工业企业创新的投入产出模型进行计算，得到 1999—2013 年各年份河北省工业企业综合技术效率值、纯技术效率值和规模效率值（表 3-2）。

表 3-2　河北省工业企业创新技术效率表

年份	技术效率	纯技术效率	规模效率	规模收益	年份	技术效率	纯技术效率	规模效率	规模收益
1999	0.587	1	0.587	irs	2007	0.625	0.673	0.928	irs
2000	0.433	0.972	0.446	irs	2008	0.65	0.666	0.976	irs
2001	0.500	1	0.5	irs	2009	0.996	1	0.996	irs
2002	0.455	0.914	0.498	irs	2010	0.959	1	0.959	irs
2003	0.477	0.946	0.505	irs	2011	0.963	0.969	0.994	irs
2004	0.539	0.741	0.727	irs	2012	1	1	1	—
2005	0.527	0.833	0.633	irs	2013	1	1	1	—
2006	0.607	0.742	0.818	irs	Mean	0.688	0.897	0.771	

通过表 3-2，对评价结果进行分析：

（1）从综合技术效率来看，河北省工业企业创新技术效率除 2012 年、2013 年达到 1 外，其他年份的效率值均未超过 1，综合技术效率的平均值为 0.688，表明河北省工业企业创新效率整体上未达到 DEA 有效，但从时间序列的变化情况看，综合技术效率整体上呈稳步上升态势（图 3-1），其变化可分为两个阶段：第一阶段（1999—2008 年），技术效率在 0.4～0.6 之间波动上升；第二阶段（2009—2013 年），技术效率在 0.9～1 之间波动上升，表明该阶段内企业创新技术效率基本达到有效。**整体来看，河北省工业企业创新效率逐步提高，技术创新水平在波动中稳步提升**。

（2）从技术效率的分解来看，技术效率可分解为纯技术效率和规模效率，综合效率有效意味着纯技术效率和规模效率均有效，综合效率无效则可能由单个

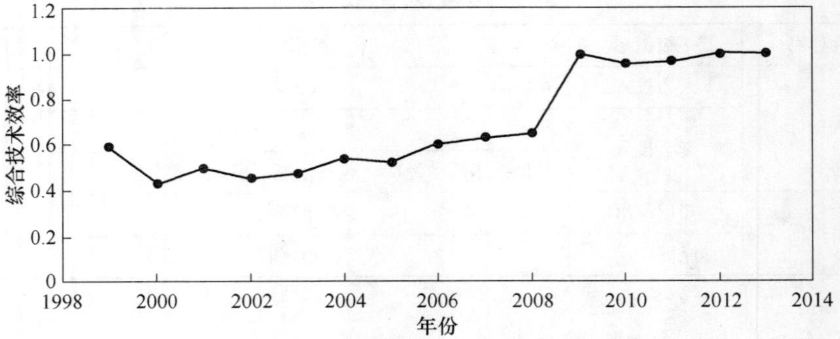

图 3-1　河北省工业企业创新技术效率变化走势

因素或者两个因素共同引起。表 3-2 显示，纯技术效率和规模效率的平均值分别为 0. 897、0. 771，整体上均未达到 DEA 有效。但从时间序列的演变走势看（图 3-2），纯技术效率经历了先降后升的过程，规模效率则保持波动中稳定增长的态势。从技术效率分解的变化来看，技术效率的影响因素变化可分为三个阶段：第一阶段（1999—2005 年），该阶段技术效率的变动主要受规模效率低的影响，该阶段内工业企业仍未形成规模效益；第二阶段（2006—2008 年），该阶段技术效率变动主要是纯技术效率较低造成的，反映该阶段内工业企业的技术进步未能跟上规模扩大的步伐；第三阶段（2009—2013 年），该阶段内技术效率是由纯技术效率和规模效率共同影响的结果，技术进步和规模效应共同推动着工业企业创新效率的提升。

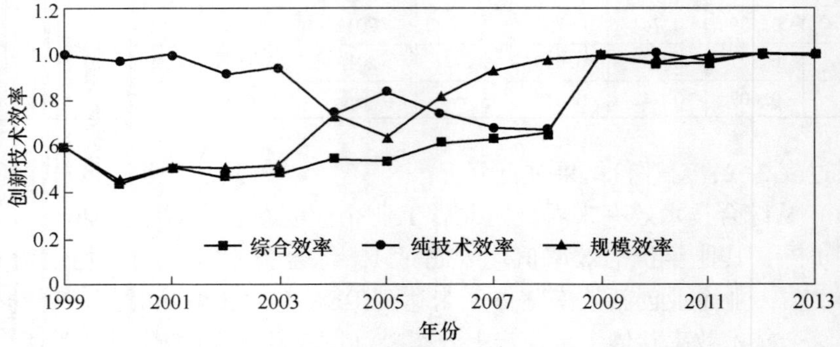

图 3-2　河北省工业企业创新技术效率分解变化走势

3. 3　河北省企业技术创新与经济增长协整关系研究

3. 3. 1　研究方法及指标选取

本部分仍以河北省工业企业为研究对象，采用协整理论与方法，对 1999—2013

年内河北省工业企业创新水平与经济增长的关系进行实证研究，以考察两者之间是否存在双向因果关系。具体而言，采用专利申请量、新产品销售收入作为反映工业企业创新水平的指标，采用当年地区生产总值作为反映河北省经济增长水平的指标，同时为了消除非平稳时间序列中存在的异方差现象，对三个变量取自然对数，分别表示为 LnPAT、LnNP、LnGDP，实证分析过程均在 Eviews 内完成。

由图 3-3 的变化走势图可以看出，LnPAT、LnNP、LnGDP 均有不同程度的上升趋势，说明三者之间具有一定的相关关系，经过测算，LnPAT 与 LnGDP 之间的相关系数达 0.9782，LnNP 与 LnGDP 之间的相关系数达 0.9963，由此可见，创新产出与 GDP 之间存在紧密的依存关系。

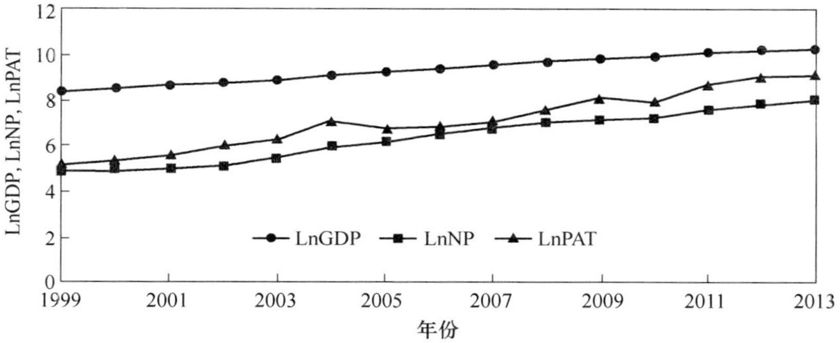

图 3-3　1999—2013 年间 3 个指标变化走势

3.3.2　平稳性检验

由于 LnGDP 和 LnPAT、LnNP 三个时间序列表现出非平稳性，且协整检验必须是对同阶单整序列进行检验，否则容易产生虚假回归问题，因此在协整检验之前，需要对这三个时间序列进行平稳性检验，检验序列是否平稳的方法即为对 LnGDP、LnPAT 及 LnNP 的单位根进行 ADF 检验，采用 AIC 准则确定最佳滞后阶数，检验结果见表 3-3。

表 3-3　LnGDP 和 LnPAT、LnNP 的 ADF 单位根检验

变量	检验类型（C，T，P）	ADF 检验值	各显著性水平下的临界值（1%，5%，10%）	检验结果
LnGDP	（C，T，3）	-1.426660	（-5.124875，-3.933364，-3.420030）	不平稳
ΔLnGDP	（C，N，1）	-3.339107**	（-4.121990，-3.144920，-2.713751）	平稳
LnPAT	（C，T，0）	-3.085206	（-4.800080，-3.791172，-3.342253）	不平稳
ΔLnPAT	（C，N，0）	-4.992010***	（-4.057910，-3.119910，-2.701103）	平稳
LnNP	（C，T，0）	-2.750514	（-4.800080，-3.791172，-3.34223）	不平稳

续表 3-3

变量	检验类型（C，T，P）	ADF 检验值	各显著性水平下的临界值（1%，5%，10%）	检验结果
ΔLnNP	（C，T，0）	-3.274641**	（-4.057910，-3.119910，-2.701103）	平稳

注：检验类型（C，T，P）中的 C、T、P 分别指常数项、时间趋势（N 为不包含）和滞后阶数；**、*** 分别表示序列在 5%、1%的显著性水平下拒绝原假设。滞后阶数基于 AIC 准则。

从检验结果看，三个时间序列的 ADF 检验值均大于 10%显著性水平下的临界值，接受存在单位根的原假设，说明 LnGDP 和 LnPAT、LnNP 都是非平稳的，而经过一阶差分后的时间序列的 ADF 检验值，在包含时间趋势情况下均小于 5%显著性水平下的临界值，则拒绝存在单位根的原假设，说明一阶差分后的三个时间序列在 5%显著性水平下是一阶平稳的，即 LnGDP 和 LnPAT、LnNP 均为一阶单整 I（1）序列，满足协整检验的条件。

3.3.3 协整检验

对于同阶单整的时间序列，这两个序列之间可能存在着某种协整关系，协整关系的存在意味着两者之间长期稳定的关系。由 ADF 检验可知 LnGDP 和 LnPAT、LnNP 都是一阶单整 I（1）序列，两者之间存在某种平稳的线性组合，可以进行协整检验。本部分采用 E-G 两步法检验河北省工业企业创新产出与经济增长三个序列之间的协整性。河北省工业企业专利申请、新产品销售与经济增长的协整回归方程为：

$$LnGDP=0.0576*LnPAT+0.4991*LnNP+5.7848,\ R^2=0.9932,\ F=877.45$$

该协整回归方程拟合程度较好，**表示河北省工业企业专利申请量每增加 1%，地区生成总值将增加 0.0576%；新产品销售收入每增加 1%，地区生产总值将增加 0.4991%，河北省工业企业创新产出对经济增长具有很强的促进作用**。

接下来，需要检验回归方程残差序列的平稳性，对残差序列进行 ADF 单位根检验，检验结果见表 3-4。可以发现，残差序列 ADF 检验值小于 5%显著性水平下的临界值，是平稳序列，可知 LnPAT、LnNP 与 LnGDP 之间存在协整关系。图 3-4 显示了残差、观测值与拟合值的线性趋势，同样说明了三个变量之间存在协整关系。该协整回归方程不仅反映了河北省工业企业专利申请、新产品销售对经济增长的影响程度，也表明了三者之间存在长期的均衡关系。

表 3-4 残差序列的 ADF 单位根检验

残差	检验类型（C，T，P）	ADF 检验值	各显著性水平下的临界值（1%，5%，10%）	检验结果
ε_t	（C，N，0）	-3.272701	（-4.004425，-3.098896，-2.690439）	平稳

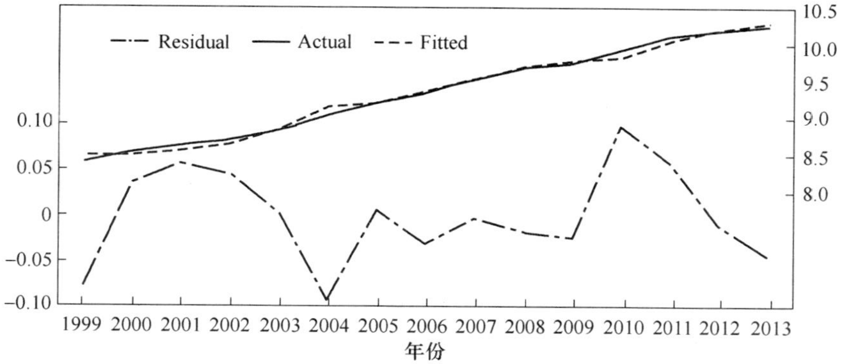

图 3-4　协整回归方程的残差趋势

3.3.4　Granger 因果关系检验

根据以上的协整检验结果，河北省工业企业专利申请、新产品销售收入与经济增长之间存在长期的均衡关系，但该均衡关系是否构成因果关系需要进一步检验，本节对 LnGDP 和 LnPAT、LnNP 进行格兰杰（Granger）因果关系检验。

因果关系的检验需要确定滞后阶数，根据 LR、FPE、AIC、SC 和 HQ 五个判断准则进行分析（表 3-5），得出最佳滞后阶数为 2。

表 3-5　滞后阶数判断准则

Lag	LogL	LR	FPE	AIC	SC	HQ
0	1.412683	NA	0.000256	0.244203	0.374576	0.217405
1	38.99068	52.03108 *	3.36e-06 *	-4.152413	-3.630921 *	-4.259603
2	49.36398	9.575347	3.74e-06	-4.363689 *	-3.451078	-4.551271 *

注：* 表示从每一列标准中选的滞后数。

由表 3-5 选择滞后期 1 为基准，对 LnGDP 与 LnPAT、LnNP 的 Granger 因果关系进行检验，结果见表 3-6。由表 3-6 可以观察到，在滞后期为 1 阶的前提下，工业企业的专利申请是构成经济增长的原因，但经济增长并不是引起专利申请增加的原因，即两者具有单向因果关系；工业企业的新产品销售收入是推动经济增长的原因，且经济增长也是拉动新产品销售收入提高的原因，即两者具有双向的因果关系。

表 3-6　LnGDP 和 LnPAT、LnNP 的 Granger 检验结果

原假设	滞后期	F 值	Prob	结论
LnPAT 不是 LnGDP 的格兰杰原因	1	0.01514	0.0443 **	拒绝

续表 3-6

原假设	滞后期	F 值	Prob	结论
LnGDP 不是 LnPAT 的格兰杰原因	1	5.42558	0.1399	接受
LnNP 不是 LnGDP 的格兰杰原因	1	2.96192	0.0132	拒绝
LnGDP 不是 LnNP 的格兰杰原因	1	0.05459	0.0196	拒绝

注：* * 表示 5%显著性水平下拒绝原假设。

3.3.5 误差修正模型

通过协整检验和 Granger 因果关系检验可知，河北省工业企业创新产出与经济增长之间存在长期稳定的均衡关系，而误差修正模型（ECM）用来研究两时间序列之间短期波动的关系，并将短期波动与长期均衡相结合。以 E-G 两步法建立的协整回归方程为基础，构建误差修正模型：

由协整回归方程 $LnGDP=0.0576*LnPAT+0.4991*LnNP+5.7848+\varepsilon$，得到残差 ECM 序列：$ECM=LnGDP-0.0576*LnPAT-0.4991*LnNP-5.7848$，建立 ECM 模型：$\Delta LnGDP_t=\beta_0+\beta_1\Delta LnPAT_t+\beta_2\Delta LnNP_t+\alpha ECM(-1)$，并通过最小二乘法估计模型：

$$\Delta LnGDP_t=0.0703+0.0031\Delta LnPAT_t+0.2813\Delta LnNP_t-0.4048ECM(-1)$$

其中，$R^2=0.5344$，$D-W=1.53$，ECM（-1）是滞后一期的误差修正项，反映了三个时间序列在短期波动中偏离长期均衡关系的程度。

在该误差修正模型中，经济增长的短期波动一方面是专利申请、新产品销售收入变动的影响，两者变动的弹性系数分别为 0.0031、0.2813，说明工业企业专利申请及新产品销售的变动能够引起经济增长的同方向变动，即专利申请量每增长 1%，将带动 GDP 增长 0.0031%；新产品销售收入每增长 1%，将带动 GDP 增长 0.2813%，说明工业企业的创新产出对经济增长具有正向促进作用，新产品销售的推动作用较大；另一方面是受偏离长期均衡的影响，ECM（-1）的系数决定了对偏离长期均衡的调整力度，误差修正项系数为-0.4048，意味着 ECM（-1）以 0.4048 的比例对下一年 GDP 增长的短期变化产生负的影响，当短期波动偏离长期均衡时，将以 0.4048%的调整力度将非均衡状态拉回到均衡状态，将经济增长向长期均衡状态收敛。

4　河北省企业创新关键因素分析

4.1　河北省企业创新发展现状与存在问题

4.1.1　研究背景

中国经济已步入“新常态”。“新常态”有几个主要特点：速度——从高速增长转为中高速增长；结构——经济结构不断优化升级；动力——从要素驱动、投资驱动转向创新驱动。新常态下的中国经济需要一股持续的动力源泉，传统意义上的带动经济增长的“三驾马车”——投资、出口和消费都处在一个更新期内，无论是投资推动，还是出口拉动，随着我国基本建设的完善以及世界整体经济形势的恶化，都难以满足未来经济增长的需要。经济增长更多地需要用创新来为经济引擎提供动力，从而使中国经济摆脱过去一段时期增长速度偏高、经济偏热、经济增长不可持续的因素累积，并由此带来的环境污染加剧、社会矛盾增加以及国际压力加大的不利影响。

河北省经济发展同中国经济一样，正面临着巨大的国际竞争，以美国、欧盟和日本等为代表的发达国家正在抢占高技术领域技术制高点，掌控关键技术和品牌，中国企业越来越多地感受到来自外部环境的技术竞争与封锁。

本书立足于河北省实际，首先定性分析河北省企业创新活动现状和存在问题；然后通过理论分析、企业调查成果分析和专家咨询等方式，分析河北省企业创新绩效关键因素；接下来以河北省企业创新调查数据资料为基础，采用随机前沿方法（Stochastic Frontier Approach，SFA），分析不同年度河北省企业创新绩效变化态势、演变特征和创新成功关键因素的影响；最后基于河北省企业创新绩效关键因素及作用机制，从创新动力、资源整合和创新管理三个方面提出提高河北省企业创新绩效的路径，进一步从政府作用、企业家创新精神、创新环境、创新战略、企业规模、创新网络、核心技术带头人、企业创新文化等 8 个维度提出提高河北省企业创新绩效的保障措施。

4.1.2　河北省企业创新发展现状分析

技术创新理论首先是由美籍奥地利经济学家约瑟夫·熊彼特在 1912 年发表的《经济发展理论》中第一次提出，他认为技术创新是企业家对生产要素新的组合，包括开发新产品、采用新工艺、开辟新市场、控制原材料新的来源和实现新的产业组合。根据该创新理论，可将技术创新分为产品创新、工艺创新、营销创新及组织创新等。河北省“2014 年全省企业创新调查”同样将创新分为产品创新、工艺创新、营销创新及组织创新。本研究依据河北省企业创新调查的创新分类，从工业企业、建筑业企业和服务业企业的行业分类出发，对河北省企业创新整体状况进行分析。

4.1.2.1 河北省企业创新相关情况分析

河北省企业创新调查资料显示，2014 年，河北省调查范围内企业 21184 个，年末从业人员 501.2292 万人，主营业务收入达 63480.37 亿元，利润总额为 3078.61 亿元，资产总计达 58572.07 亿元，出口交货值 1708.66 亿元。整体来看，河北省企业发展势头良好，但也存在一些问题。调查资料显示，2014 年河北省有创新活动的企业 8836 家，约占全省调查企业总数的 41.7%，不足半数，其中有产品创新的企业 426 个，仅占有创新活动企业的 4.8%，有工艺创新的企业 1179 个，占有创新活动企业的 13.3%；在创新活动方面，有内部 R&D 机构的企业 1683 个，占全部调查对象的 7.95%，有外部 R&D 机构的企业 527 个，占比为 2.49%；在创新投入方面，工业企业创新投入合计 494.46 亿元，仅占到主营业务收入的 1.05%；开展创新合作的企业 3992 个，占有创新活动企业的 45.19%；为保持和提高竞争力而采取了申请专利、注册商标、版权登记、形成国家或行业标准、对技术秘密进行保护等相应措施的企业 8855 个，占全部调查对象的 41.80%，低于半数。

4.1.2.2 河北省企业家创新意识情况分析

为了解河北省企业家的创新精神和创新意识，本次调查对河北省相关企业家进行了调查。调查资料显示：调查企业家总数 21142 个，其中，女企业家 6919 个，博士以上企业家只有 70 个。调查结果分析如下：

（1）关于创新对企业的作用。调查表Ⅶ505-2 显示：在被调查的企业家中，认为创新对企业生存和发展起了重要作用的企业家 5441 个，占比只有 25.34%；分行业看，认为创新对企业生存和发展起重要作用的比重，工业为 27.69%，建筑业为 30.36%，服务业为 20.80%；设定了创新战略目标的企业 11144 个，占比 52.71%，超过半数；进一步分行业对设定创新战略目标企业占比进行分析，工业为 54.18%，建筑业为 77.50%，服务业为 23.52%。

（2）关于创新的重要性。对于调查表Ⅶ505-2“关于企业家对产品创新重要性的认识”调查结果，按照重要性由大到小排序，依次为：提高了产品的性能或质量、开拓了新的市场、扩大了市场份额、取代了过时的产品，说明河北省企业家比较重视新产品的性能和质量，其次才是市场竞争力；关于企业家对工艺创新重要性的认识，按照重要性由大到小排序，依次为：提高了生产效率、减少了环境污染、提高了生产的灵活性、降低了人力成本、降低了能源消耗、改善了工作条件、节约了原材料，说明河北省企业家对于工艺创新的作用，注重生产率，并且开始关注环境因素；关于企业家对组织创新重要性的认识，按照重要性由大到小排序，依次为：提升了管理效率、提高了产品质量、加快了对客户或供应商的响应速度、提高了信息交换与共享的水平、降低了单位成本、提高了新产品或新工艺的开发能力、改善了员工工作条件；关于企业家对营销创新重要性的认识，按照重要性由大到小排序，依次为：保持或提高了市场份额、开拓了新的客户群体、开拓了新的市场。

（3）关于创新政策的重要性。关于企业家对创新政策重要性的认识，按照重要性由大到小排序，依次为：鼓励企业吸引和培养人才的相关政策、创造和保护知识产权的相关政策、金融支持相关政策、优先发展产业的支持政策、企业研发费用加计扣除税收优惠政策、企业研发活动专用仪器设备加速折旧政策、企业研发活动专用仪器设备加速折旧政策、高新技术企业所得税减免政策、技术转让技术开发收入免征增值税和技术转让减免所得税优惠政策、科技开发用品免征进口税收政策。由此可以看出，河北省企业家对创新政策重要性的认识，首先注重对人才、知识产权、金融、产业等宏观的大的政策，其次才是各专项资金的优惠政策。

4.1.3　河北省企业创新发展存在的问题

通过以上对河北省企业创新调查情况的分析，可以看出，河北省企业创新存在诸多问题，总结如下：

（1）**企业家的创新意识淡漠**。创新是企业家行为，企业家作为企业的领导者，其创新意识和创新精神直接影响到企业创新活动的开展和效果。企业创新调查结果显示，在被调查的企业家中，认为创新对企业生存和发展起了重要作用的企业家占比只有 25.34%，设定了创新战略目标的企业占比只有 52.71%，说明河北省企业家的创新意识不强烈，对创新活动的重大意义认识不足，缺乏责任和担当，尤其是服务业的企业家更应该加强创新意识。

（2）**企业的创新主体地位不突出**。创新首先是经济行为，企业作为市场经济的主体，为了企业自身的生存和发展，自主开展创新活动。企业创新调查结果显示，2014 年河北省开展创新活动的企业只有 8836 家，约占全省企业的 40%，说明河北省企业的创新主体地位还有待进一步加强。

（3）**创新投入不足**。河北省企业创新调查结果显示，河北省工业企业创新投入仅占到主营业务收入的 1.05%，企业科技研发投入严重不足。调查企业中有内部 R&D 机构的企业占比为 7.95%，有外部 R&D 机构的企业占比为 2.49%，

R&D机构的缺失说明河北省企业家没有意识到研究开发对企业发展的重大作用，这在很大程度上会影响到河北省企业的创新能力、竞争力和可持续发展。

(4) **对产品创新的重要性认识不够**。调查结果显示，河北省企业比较注重难度小、见效快、较易开展的组织创新和营销创新，而对于需要内在技术积累、难度大、投资大、风险大、较难开展的产品创新和工艺则缺乏足够重视。产品创新是创新的主要形式，其作用大，影响深远，对企业的生存和发展壮大有着重大影响。河北省企业应首先做好产品创新，在此基础上努力开展工艺创新，同时兼顾组织创新和营销创新。

(5) **合作创新有待加强**。企业创新调查结果显示，河北省开展创新合作的企业占有创新活动企业数的45.19%，说明河北省企业开展创新活动较多地依赖企业自身，产学研合作创新较少，河北省企业在合作创新方面仍需加强。

4.2 河北省企业创新成功关键因素分析

关于对企业创新成功关键因素的分析，在确定关键因素时，本研究采用理论分析法、频度统计法、问卷调查法和专家咨询法相结合的方法进行。理论分析法主要是通过对企业创新过程和机理的研究，选择出那些关键的对企业创新成功有重要影响的因素；频度统计法主要是对目前和企业创新成功关键因素相关的研究报告、论文进行频度统计，选择那些使用频度较高的因素；问卷调查法是通过对企业创新成功关键因素的内涵、特征、基本要素进行分析、比较、综合，设计相关调查问卷并进行调查，通过对调查问卷的整理，找出关键因素；专家咨询法是在初步确定的企业创新成功关键因素基础上，进一步征询有关专家意见，对相关因素进行调整。综合运用以上四种方法，可以得到科学准确的影响企业创新成功的关键因素。本研究确定企业创新成功关键因素的程序如图4-1所示。

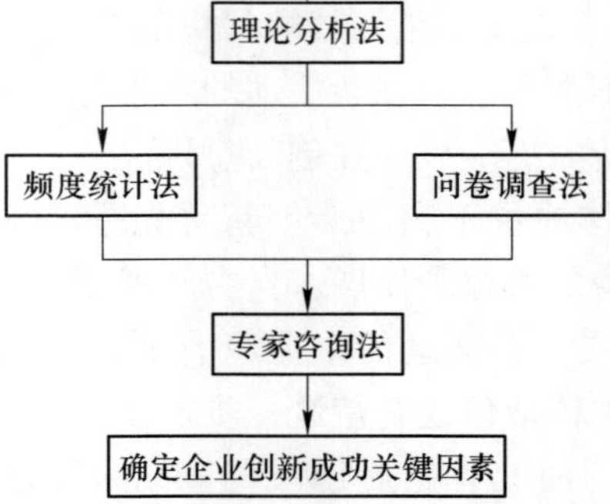

图4-1 确定企业创新成功关键因素程序图

4.2.1 用频度统计法确定企业创新成功关键因素

关于成功企业创新关键因素问题，国内外学者进行了一系列研究。在早期研究中，较著名的是由英国学者 Langrish 和 Freeman 领导的两个研究项目。Langrish 等调查了 84 个项目，归结出 7 个创新成功关键因素：组织中处于权威地位的杰出人物、其他类型的杰出人物（五个关键角色）、对市场需求认识清楚、认识到科学和技术的潜在价值、良好的合作、资源的可获得性，政府的帮助。Freeman 等比较研究了工具设备和化学产业市场上 43 对成功和失败的产品创新项目，将 41 个统计意义上显著的变量归结为 5 个方面的因素：用户需求的理解、关注市场、高效的研发工作、有效利用外部技术和外部建议、项目负责人的职位和权威。

Rothwell（1994）把企业创新中的成功因素分为项目执行因素和公司层次因素。其中公司层次因素包括：高层管理对创新的支持、高层管理人员勇于冒风险、接受创新的企业文化、公司具有灵活性和对变革的敏感性、在技术战略配合下的公司长远发展计划、对主体项目的长期投入。他强调指出，公司高层管理人员和长期计划是创新成功的关键因素。

在我国，陈少兵（1995）等把创新的成败因素归结为八个方面：企业领导人追求创新，创新得到主管部门和政策环境的支持，良好的内外合作关系与协调性，针对用户和市场需求进行创新，足够的创新资源，系统地搜寻、评价、选择和管理创新项目，有效的技术开发工作，产品具有创新性、独特性和优越性。高建（1998）在对企业创新成功因素研究时发现，企业创新成功的内部因素主要为高层领导的支持、技术带头人、高水平人才、研发部门与营销和生产部门的合作、体制合理；外部因素包括得到消费者、供应者合作与支持，政府支持，与研究机构和大学合作，与其他公司合作。许小东（2002）认为技术创新的成败原因主要集中在以下九个方面：组织高层和其他群体提供的帮助和支持、综合知识技能和技术开发能力、认真尽力与投入的程度、以往的创新工作经历、成功与失败经验教训、创新过程的活动协调与人员组织、任务难度、市场环境、机遇。除此之外还有众多学者对创新影响因素进行了研究，在此借鉴学者文丰整理结果，对相关学者对创新路径中关键因素的研究总结如下，见附表 8 和附表 9。

对国外学者关于企业创新成功关键因素相关研究成果（见附表 8）进行整理，首先将相关因素按照企业主体分为内部因素和外部因素，然后按照因素的属性和内涵进行分类，进一步统计各因素出现的频次，按照频次大小进行排序。最终整理结果见附表 10。

从附表 10 可以看出，国外企业在创新中更多依靠企业自身资源，而较少依赖外部资源，这是由于西方发达国家市场经济发展比较成熟、规范，企业真正成为创新的主体。从企业内部创新关键因素看，按照频次排序依次为：创新团队建设、关注市场、企业家创新意识、资源支撑、创新战略、创新项目管理、创新环境。

按照相同步骤，对国内学者关于企业创新成功关键因素相关研究成果（见附表9）进行整理，首先将相关因素按照企业主体分为内部因素和外部因素，然后按照因素的属性和内涵进行分类，进一步统计各因素出现的频次，按照频次大小进行排序。最终整理结果见附表11。

从附表11可以看出，国内企业在创新中既依靠企业自身资源，也依赖外部资源，这是由于我国进行市场经济建设的时间还不长，市场经济发展还不太成熟和规范，企业的创新主体地位需要进一步明确。从企业内部创新关键因素看，按照频次排序依次为：创新团队建设、资源支撑、企业家创新精神、创新项目管理、创新激励、创新环境、关注市场、企业规模、创新战略。企业创新外部因素按照频次排序依次为：创新网络、政府支持和创新环境。如果不区分内部因素和外部因素，企业创新关键因素按照频次排序依次为：创新团队建设、资源支撑、创新网络、政府支持、企业家创新精神、创新项目管理、创新激励、创新环境、关注市场、创新外部环境和创新战略。

对比分析国内外企业创新关键因素，其共同之处表现在：国内外企业都关注创新团队建设、企业家创新精神和资源支撑。其不同之处表现在：

（1）国外企业是创新的主体，创新由企业自主推动；而国内企业的市场主体地位需要进一步明确，创新既要靠企业推动，也依赖政府拉动。

（2）国外企业更多依靠企业自身资源，而较少依赖外部资源；而国内企业既依靠自身资源，也依赖外部资源。

（3）国外企业更多关注市场需求对创新的导向作用，而国内企业较多关注企业内部创新管理。

（4）国外企业比国内企业更重视创新对企业生存和发展的重大意义，把创新战略管理置于更重要的位置。

4.2.2 根据企业创新调查成果分析关键因素

为全面了解河北省企业创新活动开展情况，2015年省统计局在全省范围内开展了企业创新调查活动。全省企业创新调查取得了大量有关河北省第二产业和第三产业各类企业创新情况的统计数据，其中蕴含了大量关于企业创新影响因素的宝贵信息。本研究对其中关于企业创新影响因素的数据进行挖掘，以分析影响河北省企业创新绩效的关键因素。

4.2.2.1 对企业创新调查表CX13-1-2 13-1进行分析

对全省企业创新调查CX13-1-2 13-1“企业创新成功的影响因素情况

（2013—2014 年）（省级样本）”调查表进行分析整理，得到附表 12。

对企业创新成功影响因素的分析，各因素对企业创新绩效的影响程度是一个模糊概念，具有“内涵明确，外延不明确”的特点，应采用模糊语言将影响程度分为不同程度的等级。由于评价等级之间的关系是模糊的，没有绝对明确的界限，因此具有模糊性。对于这类模糊评价问题，利用经典的评价方法存在着不合理性，应采用模糊综合评价法。2015 年河北省企业创新调查表中设计的企业创新成功影响因素包括：有创新精神的企业家、充足的经费支持、高素质的人才、员工对企业的认同感、企业内部的激励措施、有效的技术战略或计划、畅通的信息渠道、可信赖的创新合作伙伴和优惠政策的扶持，共计 9 个因素。附表 12 显示出了企业家对创新影响因素做出不同影响程度判断的企业占创新企业的比重，分为高、中、低、无 4 个等级。在确定企业创新关键影响因素时，可以分别对应于很关键、关键、一般、不关键 4 个等级，将比重视为各个因素对评价等级的隶属度，按照最大隶属度准则确定各因素的评价等级，得到企业创新成功关键影响因素表（见附表 13）。从表中可以看出，对全省 10464 个企业家关于企业创新成功关键影响因素的调查中，河北省企业家们认为影响企业创新成功很关键的因素是：企业家精神和高素质人才，其他因素包括经费支持、员工认同、内部激励、技术战略、信息渠道、合作伙伴、政策支持等均是关键因素。

4.2.2.2　对企业创新调查表Ⅷ505-2 进行分析

对企业创新调查表Ⅷ505-2“企业家对创新的认识及相关情况（省）”进行分析整理，得到全省企业家关于创新重要性和创新战略实施情况的调查结果。此次调查，有 21142 名企业家填报了问卷，其中，29 岁以下人员占 10.8%，30~39 岁人员占 27.6%，40~49 岁人员占 37.4%，50~59 岁人员占 21.2%，60 岁以上人员占 3.0%，中青年是企业家主体。调查结果显示，在全省有创新活动企业中，95.1%的企业家认为创新对企业的生存和发展起到作用，其中，认为起到重要作用的企业家占 38.5%，认为起到一定作用的占 56.7%。在认为创新对本企业有影响的企业家中，认为产品创新对企业发展影响最大的企业家占 32.6%，认为工艺创新影响最大的占 21.6%，认为组织创新和营销创新影响最大的分别占 21.9%和 23.9%。根据该调查结果，可将创新战略视为很关键因素。

4.2.2.3　对企业创新调查表 CX7-1-2 7-1 进行分析

对全省企业创新调查 CX7-1-2 7-1“企业产品或工艺创新活动的阻碍因素情况（2013—2014 年）（省级样本）”调查表进行分析整理，得到附表 14。

对附表 14 进行进一步整理，将“缺乏技术方面的信息”“缺乏市场方面的信息”“不能确定创新产品的市场需求”合并为创新信息，将“缺乏风险投资支持”“缺乏银行贷款等其他外部资金支持”整合为外部资金支持；保留“缺乏企业或企业集团内部资金支持的企业”“创新费用方面成本过高”“缺乏人才或人才流失”“很难找到合适的创新合作伙伴”“创新成果易被竞争对手低成本模仿”等因素，对其名称进行提炼，分别命名为“内部资金支持”“创新成本”“人才支持”“创新合作伙伴”“知识产权”；“市场已被竞争对手占领”占比较低，和“暂时没有进行创新的必要”一起去掉，得到七个创新因素。根据各因素占比情况，将全省企业产品或工艺创新活动的阻碍因素分为三个等级，非常严重阻碍因素、严重阻碍因素和一般因素。阻碍极为稀缺，稀缺即为关键，将阻碍因素转换为关键因素，整理结果见附表15。

4.2.2.4 根据企业创新调查成果确定关键因素

以上分别对全省企业创新调查表CX13-1-2 13-1“企业创新成功的影响因素情况（2013—2014年）（省级样本）”、表Ⅶ505-2“企业家对创新的认识及相关情况（省）”、表CX7-1-2 7-1“企业产品或工艺创新活动的阻碍因素情况（2013—2014年）（省级样本）”等调查表进行分析、整理、综合，得到附表12~附表15，综合附表12~附表15，可以归纳出河北省企业创新成功关键因素，见附表16。

4.2.3 河北省企业创新成功关键因素

根据4.2.1节和4.2.2节的分析结果，借助专家意见，对国外企业创新成功关键因素（见附表10）、国内企业创新成功关键因素（见附表11）和河北省企业创新成功关键因素（见附表16）进行进一步整理，得到最终河北省企业创新成功关键因素，见表4-1。

表4-1 河北省企业创新成功关键因素表

因素来源	因素名称	很关键	关键	一般
内部因素	创新团队建设	√		
	企业家创新精神	√		
	资源支撑	√		
	关注市场	√		
	创新战略	√		
	创新项目管理	√		
	核心技术带头人	√		
	创新文化建设		√	
	内部激励		√	

续表 4-1

因素来源	因素名称	很关键	关键	一般
外部因素	政策支持	√		
	创新网络建设		√	
	外部资金支持		√	

由表 4-1 可以看出，河北省企业创新成功关键因素按照企业主体分为内部因素和外部因素，按照其重要程度分为很关键、关键、一般 3 个等级。

4.2.3.1　企业创新成功很关键因素

企业创新成功内部很关键因素包括创新团队建设、企业家创新精神、资源支撑、关注市场、创新战略、创新项目管理和核心技术带头人：

（1）创新团队建设的相关内容和表述。包括：授权、开发团队、项目经理、组织结构和流程、有效沟通、运作观念、信息和沟通渠道、沟通程序、进展会议、团队承诺、团队能力、项目经理的表现、合适的开发团队、研发团队、团队成员、团队精神、高素质的开发团队、团队氛围、良好合作、部门合作、合理的体制、活动协调与人员组织、技术学习、信息化水平、综合知识技能和技术开发能力、对技术变化迅速响应、研发能力和效率等。

（2）企业家创新精神的相关内容和表述。包括：领导追求创新、高层领导支持、组织高层支持、高层领导重视、杰出人物、创新负责人的权威、高层承诺、高层乐于承受风险、高层授权。

（3）资源支撑的相关内容和表述。包括：规模要素（经营规模、利润支撑、知识存量）、足够的资源、资源支持、资源可用性、长期投入；财务支持、后勤支持、设备支持；高素质人才、人力资源和组织、培训、专业素质、管理培训；创新资源、资金与人才、创新资金、技术力量、创新人才等。

（4）关注市场的相关内容和表述。包括：理解用户、关注市场、需求计划、对客户的判断、客户沟通、客户咨询、有吸引力的新产品构想、听取客户的意见、动态市场、需求的认识、对市场的变化的响应；认识技术的价值、对技术的响应；用户和市场需求、准确把握市场和用户需求、市场因素等。

（5）创新战略的相关内容和表述。包括：明确目标、目标清晰、清晰的新产品战略、战略聚焦和协同、基于创新的长期战略、清晰愿景、自主创新战略、战略影响等。

（6）创新项目管理的相关内容和表述。包括：计划调度、项目的计划与控制、计划项目回顾、吸取经验教训、创新规划设计、系统地选择和管理创新项目、以往的经历、经验教训等。

(7) 核心技术带头人的相关内容和表述。核心技术带头人指对创新企业的生存和发展有重大影响的核心技术的带头人，相关表述包括：核心技术负责人、高素质人才等。

企业创新成功外部很关键因素只有“政策支持”，其相关内容和表述包括：政府帮助、政策环境支持、政府支持、政府政策、税费减免等。

4.2.3.2 企业创新成功关键因素

企业创新成功内部关键因素包括创新文化建设和内部激励2个因素：

(1) 创新文化建设的相关内容和表述。包括：创新环境、创新氛围、企业文化支持、创新文化建设、企业文化、创新文化等。

(2) 内部激励的相关内容和表述。包括：激励机制、激励创新制度安排、知识产权管理制度。

企业创新成功外部关键因素包括创新网络、外部资金支持两个因素。其中“创新网络”的相关内容和表述包括：创新网络建设、内外合作关系协调、获得咨询服务；与其他机构合作、网络要素、产学研合作、消费者供应商合作等。

4.3 河北省企业创新绩效变化态势及影响因素分析

4.3.1 研究方法选择

研究创新效率的方法主要有参数方法和非参数方法，非参数方法以数据包络分析（DEA）为主，其最大的特点是支持多投入多产出的指标运算，且不用考虑指标的量纲，但该方法无法直接分析投入产出指标以外的影响因素，也不考虑随机扰动项的干扰。参数方法以随机前沿方法（Stochastic Frontier Approach，SFA）为主，基本思路是将实际生产单元与前沿面的偏离分解为随机误差和技术无效率两项，不但可以计算个体的效率值，又能较好地考虑其他潜在因素及随机扰动项的影响。结合对前文企业创新关键因素的分析研究，本书采用参数的SFA方法对河北省1999—2013年企业创新绩效进行测算，并在此基础上，进一步探讨影响企业创新成功关键因素。

随机前沿方法将误差项分为两部分：一是随机误差；二是非技术因素引起的误差，即技术非效率误差。随机前沿模型的一般形式可表示为：

$$y_{it} = f(x_{it}, t)\exp(v_{it} - u_{it})$$

式中，y_{it} 为企业 i 在时期 t 的创新产出；$f(\cdot)$ 为生产可能性边界上确定的前沿面；x 为投入向量，包括人力和资本投入；误差项（$v_{it}-u_{it}$）为复合结构；v_{it} 为随机扰项，服从正态分布 $N(0, \sigma_v^2)$，且独立于 u_{it}；u_{it} 为非负的随机变量，是创新活动中的无效率项，服从非负的断尾正态分布 $N^+(u, \sigma_u^2)$。

效率 TE 定义为实际产出与前沿面产出的比值：

$$TE=\frac{f(x_{it},\ t)\exp(v_{it}-u_{it})}{f(x_{it},\ t)\exp(v_{it})}=\exp(-u_{it})$$

当 $u_{it}=0$ 时，$TE_{it}=1$，表示决策单元位于前沿面上，技术有效；当 $u_{it}>0$ 时，$TE_{it}<1$，决策单元位于前沿面下方，技术无效。

设定方差参数 $\gamma=\frac{\sigma_u^2}{\sigma_v^2+\sigma_u^2}$来检验复合扰动项中技术无效率项所占的比例，其中 $0\leqslant\gamma\leqslant1$，若 γ 接近 1，则被接受，表明无效率项在生产单元与前沿面的偏差中占主要成分，此时采用随机前沿面方法是合适的，否则无需采用随机前沿面模型，直接运用 OLS 方法即可。本书采用对数型柯布-道格拉斯生产函数对河北省工业企业创新绩效进行测算。

在对企业创新成功关键因素进行分析时，以创新绩效为因变量，以各关键因素为自变量，采用 Tobit 回归模型对绩效影响因素的参数进行分析。Tobit 回归模型属于因变量受限的模型，当因变量数值是截断时，若用普通最小二乘法直接回归，参数的估计将是有偏差且不一致的，此时 Tobit 模型就成为估计回归系数的很好选择，其一个重要特征是自变量取实际观测值，而因变量只能以受限的方式被观测到。当效率值大于 0 时，取实际效率值，当效率值小于 0 时，效率值截取为 0。

4.3.2　指标选取与数据来源

本实证研究以河北省工业企业为研究对象，关于工业企业创新投入产出指标，选取新产品销售收入作为企业创新产出指标，与专利相比，新产品销售收入能够较好地反映创新成果的市场价值；选取 R&D 人员（L）和 R&D 经费（K）作为企业创新的人力投入和资本投入。

由于创新的研发投入存在滞后性，即当年的研发投入并不能全部转化为新产品并产生经济效益，因而，创新投入应该核算 R&D 资本存量。本研究采用永续盘存法核算当年 R&D 资本存量，其核算公式为：$K_t=(1-\varepsilon)K_{t-1}+E_t$。式中，$K_t$ 为 R&D 资本存量；E_t 为 R&D 经费支出；ε 为折现率，通常取 $\varepsilon=15\%$。关于 R&D 经费支出折现值及基期 R&D 资本存量的计算，本研究参考杨青峰（2013）的计算方法进行测算。

关于影响企业创新成功的关键因素指标，根据前文对影响因素的梳理分析，实证部分选取的关键因素主要包括政府创新资金支持（政府 R&D 投入，Gov.）、资源支撑（资产总额，Size）、创新竞争（有创新活动的企业数量占企业总数比重，Company）及高素质人才（工程师数量，Talent），见表 4-2。

表 4-2 企业创新相关指标及定义

指标	变量	定义	符号表示
创新产出	新产品	新产品产值	Value
创新投入	创新人力	R&D 人员	L
	创新资金	R&D 经费	K
影响创新关键因素	政府支持力度	政府 R&D 投入/R&D 经费	Gov.
	资源支撑	R&D 经费/资产总额	Size
	高素质人才	科学家或工程师数量/R&D 人员	Talent
	创新竞争	有创新活动企业数量/企业总数	Com.

根据表 4-2 中指标，运用柯布-道格拉斯生产函数模型对 1999—2013 年间河北省工业企业的创新绩效进行测算，并构建 Tobit 回归模型探讨影响企业创新的关键因素，各创新指标数据均来源于《中国科技统计年鉴》及《河北经济年鉴》历年数据。

4.3.3 模型建立及运算

根据以上的分析及定义，构建如下的超越对数生产函数随机前沿模型：

$$\ln Value_{it}=\beta_0+\beta_1\ln K_{it}+\beta_2\ln L_{it}+v_{it}-u_{it}$$

式中，β 为待估计的回归系数。

模型的运算在 Frontier 4.1 内完成，其运算结果为表 4-3。

表 4-3 SFA 模型估计值

待估参数	系数	标准差	T 统计量
beta 0	5.456	1.345	4.057
beta 1	1.529	0.060	25.392
beta 2	0.951	0.187	-5.083
σ^2	0.015***	0.005	2.851
γ	0.524**	0.031	0.001
最大似然函数值	10.451		

注：**、***分别表示显著性水平为 5%、1%。

同时得到河北省工业企业各年份创新效率，见表 4-4 和图 4-2。

表 4-4 河北省工业企业创新效率表

年份	1999	2000	2001	2002	2003	2004	2005	2006
创新效率	0.832	0.891	0.707	0.664	0.705	0.884	0.709	0.786
年份	2007	2008	2009	2010	2011	2012	2013	
创新效率	0.733	0.837	0.871	0.828	0.948	0.985	1.000	

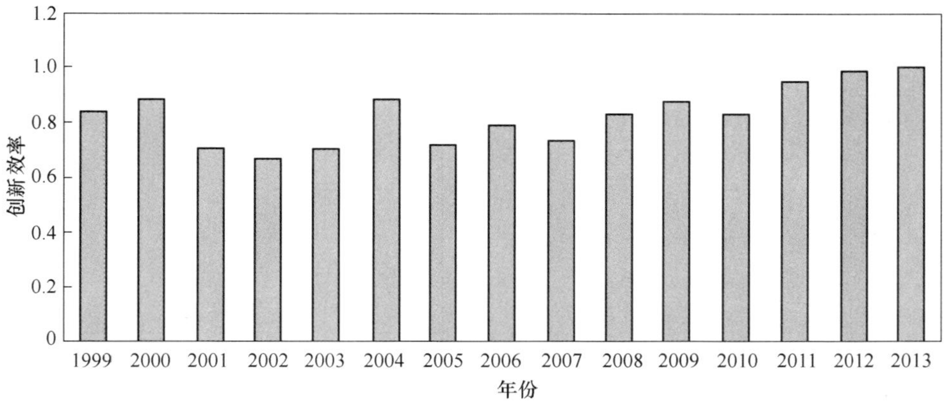

图 4-2　河北省工业企业创新效率走势

由表 4-4 的模型结果显示，γ 在 5%的显著性水平下显著，表明技术非效率因素显著存在，采用 SFA 方法测度效率是合理的。R&D 经费的产出弹性为 1.529，R&D 人员的产出弹性为 0.951，显示 R&D 经费的产出弹性大于 R&D 人员的产出弹性，表明河北省工业企业创新产出更多地依赖于研发资本的投入。

创新效率变化走势图 4-2 显示，河北省工业企业创新效率均值为 0.825，整体来看并未达到技术有效。从走势图变化趋势看，**河北省企业创新绩效整体呈现波动上升的趋势**。自 1999 年至 2013 年 15 年间，经历了先下降后上升的变化过程，最低点在 2002 年，创新效率为 0.664；近年来，随着企业对创新活动的重视，研发投入的增加、技术装备的更新换代和政府政策、资金的支持力度加大，河北省工业企业创新效率从 2007 年开始快速提高，到 2013 年创新效率趋于 1，企业创新绩效趋于技术有效。

4.3.4　关键因素 Tobit 分析

在河北省工业企业创新绩效测度的基础上，由于创新进行在［0，1］范围内，属于被截断的情形，本部分以创新效率值（Effi）为因变量，以各关键因素（即政府支持力度、资源支撑力度、高素质人才及创新竞争）为自变量，构建创新效率 Tobit 回归模型：

$$\text{Effi}=\alpha_1\text{Gov}+\alpha_2\text{Size}+\alpha_3\text{Talent}+\alpha_4\text{Com}+\varepsilon$$

式中，α_1、α_2、α_3、α_4 为解释变量的系数；ε 为残差项。

依据所建模型，选用最大似然函数法估计 Tobit 模型，运用 Eviews5.1 分析软件，对河北省工业企业创新各关键影响因素进行回归分析（表 4-5）。

表 4-5 河北省工业企业创新关键因素 Tobit 模型回归结果

解释变量	Coefficient	Std. Error	z-Statistic	Prob.
ε	0. 9359	0. 2681	3. 4908	0. 0005
Gov.	3. 9834	1. 6671	2. 3984	0. 0169
Size	2. 2609	13. 2813	-1. 9772	0. 0480
Talent	0. 1534	0. 2607	0. 2049	0. 1376
Com.	-0. 1624	0. 1979	-0. 8209	0. 4117
R^2	0. 8255		Log likelihood	18. 9602

从上述分析结果可以看出：

（1）政府 R&D 投入比重的系数为 3. 9834，表明政府创新资金每投入 1%，将为工业企业创新效率带来 3. 98%的增长，反映出政府创新资金支持对企业创新活动产生了积极的推动作用和经济杠杆作用，政府不断加大在税收、财政等方面的支持力度，对企业技术创新活动具有很强的导向和促进作用。

（2）R&D 经费占资产总额比重的系数为 2. 2609，表明企业创新资源支撑每增长 1%，则带动企业创新效率提高 2. 26%。反映出企业规模越大，企业越有能力投入更多资源，支持创新活动的开展。企业对创新研发活动的投入越大，越具有创新优势，同时能够负担较大的研发经费，也能够承担一定的创新风险，创新效率也就越高。

（3）工程师或科学家占 R&D 人员比重的回归系数为 0. 1534，反映出高素质人才对企业创新效率提升存在正相关关系。技术创新是一项知识密集型活动，科技活动人员尤其是高水平科研人员代表着产业的研发水平，对科技人才的素质要求相对较高。因此，提高科技活动人员数量和水平对产业技术创新能力的提升具有重要意义。

（4）有创新活动企业占企业总数比重的系数为-0. 1624，该指标反映创新市场竞争对企业创新绩效的影响。创新市场竞争系数为-0. 1624，表明创新市场竞争对企业创新效率会产生消极影响。可能的原因是河北省企业在选择创新战略时大都选择了趋同的创新战略，尤其是趋同的产品创新战略和营销创新战略，产品的外观、性能、结构、质量等相似度比较高，竞争战略采取低成本竞争，营销战略采取价格战，增加了市场竞争的激烈程度，使得市场竞争趋于白热化。竞争充分的市场对于整个社会是有益的，对于消费者是有利的，但是，过度竞争对于企业创新效率的影响可能是消极的。这就促使河北省企业在制定创新战略时应采取差异化的创新战略，独辟蹊径。

4.4 提高河北省企业创新绩效的路径和措施

4.4.1 提高河北省企业创新绩效路径分析

本研究在第 4.2 节对河北省企业创新成功关键因素进行了详细分析，分析的最终目的还是为了提高河北省企业创新绩效，而要提高企业创新绩效，还需着眼于企业创新成功关键因素。本研究立足于企业创新成功关键因素，对提高企业创新绩效的路径进行分析：

（1）**创新动力是提高企业创新绩效的前提**。创新动力是指促使创新主体进行创新的欲望和需求，是激发企业投入大量人力、物力和财力进行研究开发和开展创新活动的推动力量。只有主观的创新意愿才能形成企业创新的最初动力，同时也只有创新动力能够保证企业创新能够持续不断地进行。企业创新动力不仅应当包括企业创造创新成果的意愿，也包含企业利用创新成果进行市场活动并获得收益的动力。企业创新动力的形成，既有企业家精神和意愿，也有政府和社会的支持。企业创新动力包括自动力和他动力，自动力来源于企业内部，包括：企业家创新精神、核心技术带头人、创新文化支持和内部激励等企业创新成功关键因素；他动力来源于外部，包括：政策支持、创新网络支持和外部资金支持等企业创新成功关键因素。

（2）**资源整合是提高企业创新绩效的基础**。资源整合指资源的优化配置，是企业根据自身的发展战略和市场需求对有关的资源进行重新配置，寻求资源的最优配置，发挥资源的最大效益，以增强企业的创新能力。企业实施创新活动需要大量的资源投入，创新资源包括人力、资金、技术和设备等，但简单的资源投入并不能直接形成企业的创新能力，企业创新必须对资源进行合理有效的整合，协调好各种资源的关系，才能充分发挥各类资源的作用。创新资源对应于企业创新成功关键因素中的资源支撑因素。

（3）**创新管理是提高企业创新绩效的保障**。创新管理是对企业创新相关活动、人员和资源的计划、组织、协调、控制行为，是提高企业创新绩效的保障。创新管理具体内容包括：企业创新战略管理、创新团队建设、创新项目管理等。企业创新战略管理内容包括企业创新战略的制定、实施与评价；创新团队建设内容包括：项目经理任命、人员选择、授权、组织结构和流程、信息和沟通渠道、团队承诺、团队能力建设、团队精神、团队氛围、良好合作等。创新项目管理是对创新项目的选择、研发、实施的过程进行的管理，具体内容包括：系统地选择和管理创新项目、项目的计划与控制、创新规划设计、计划调度、计划项目回顾等。创新管理对应于企业创新成功关键因素中的创新战略、关注市场、创新团队建设、创新项目管理等因素。

提高河北省企业创新绩效路径如图 4-3 所示。

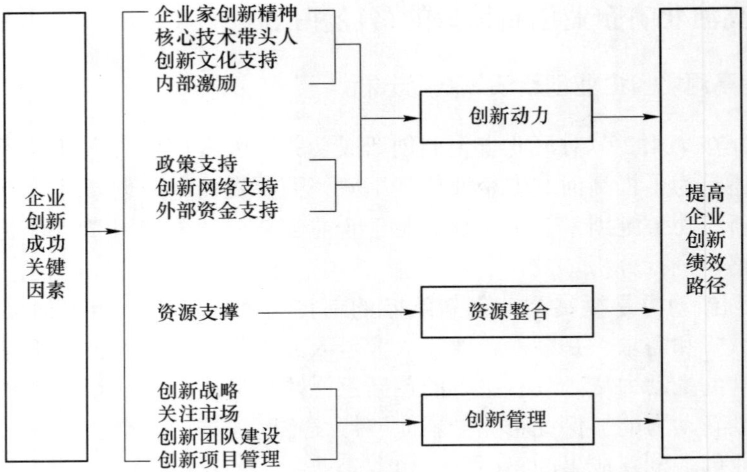

图 4-3　提高河北省企业创新绩效路径图

4.4.2　提高河北省企业创新绩效路径保障措施

提高河北省企业创新绩效是一项系统工程，影响企业创新绩效的各种因素相互作用、错综复杂，任一因素的变化都可能对总体创新效果及其他因素产生影响。提高河北省企业创新绩效应从企业创新各个关键因素入手，首先，要分清主辅，要紧紧抓住很关键因素，在此基础上，再盯住关键因素和一般因素；其次，要区分当前重点和长远关注；第三，还要注意各个因素之间的联系。企业内部要在创新团队建设、企业家创新精神、资源支撑、关注市场、创新战略、创新项目管理、核心技术带头人、创新文化建设和内部激励等方面持续推进；在企业外部要加大创新政策、创新网络建设和创新资金的支持力度。只有内外兼顾，主次兼顾，远近兼顾，整体推进，才能够有效提高河北省企业创新绩效。

本研究在前面分析了影响河北省企业创新成功的关键因素，并基于关键因素，给出了提高河北省企业创新绩效的路径，即分别从提高创新动力、资源整合和创新管理三个维度进行努力，以达到目的。根据以上分析，结合河北省企业现实状况，现针对河北省企业创新绩效提出以下几点对策与保障措施：

(1) 发挥政府在创新中的导向和推动作用。从国际经验看，一些市场经济国家政府通过科学、合理的政策作用于市场机制，引导社会资源向创新集聚，取得了良好的效果。例如，美国定向放松价格管制和减免税，推进了页岩气勘探开发技术发展。德国实施强制购电和递减的固定电价政策，鼓励发展太阳能光伏发电和促进光伏技术进步。欧盟定期调整排放标准，推动汽车节能减排技术进步。美国通过制定标准和技术升级时间表，促进数字电视技术推广和产业发展。这些案例对我们的启示是，发挥市场机制配置创新资源的作用，政府不是不能作为。

政府首先要明确创新对国家振兴、民族复兴的重大意义和作用，要将创新作为国家战略来抓；其次政府可以通过规制和政策调整利益机制，引导创新资源的配置。如，实施定向的普惠性政策，形成公平竞争的激励机制；增强政策稳定性和透明度，形成可预期的投资回报机制；通过定期调整标准，促进产业技术进步；重视培育市场，促进新技术推广应用。

（2）**注重对企业家创新精神和创新意识的培育**。创新精神是一种勇于抛弃旧思想旧事物、创立新思想新事物的精神。创新意识是指在思想意识中始终存在着创新的内在动力。创新是企业家行为，企业家既是创新活动的组织者，又是创新风险的直接承担者，创新的每一个环节都需要企业家敏锐的目光、果断的决策与高效的组织。2016年是“十三五”规划的开局年，面对经济下行压力增大、环境治理任务加剧的形势，河北省继续压减过剩产能，持续推进产业结构调整、升级和优化，河北省的传统产业要走出困境，就必须唤起企业家的创新精神，重视产品升级换代，把开展科技创新作为企业生死存亡的大事来抓，要将科技创新内化为企业家们的自觉意识和行为，重树创业时的创新精神。为此，一方面要努力营造一个勇于承担风险的创新文化氛围，强化企业家的创新意识；另一方面则要帮助企业家了解科技、熟悉科技，使之具备把握行业技术发展趋势、洞察市场与技术关系的能力，对创新做出正确的判断和决策。

（3）**关注环境变化**。战略管理专家波特教授提出企业竞争战略的两种基本类型：成本领先战略和产品差异化战略，并进一步指出，只有差异化战略才是企业保持持续竞争优势的唯一选择。而实现差异化战略的关键就是创新，故差异化战略也被称为“基于创新的战略”。

环境是企业赖以生存和发展的各种外部条件和外在因素，企业利润来自环境，风险同样来自环境，环境决定企业的发展方向，环境也是企业的生存空间。现代企业所处环境有以下特点：技术进步加速，需求日益多样化、个性化；产品寿命周期越来越短，基于时间的竞争，环境问题日益突出，竞争全球化、白热化。企业要实施差异化战略，就要对外部环境进行深入研究，并时刻关注环境的变化。要对市场进行细分，选择一种或几种为许多顾客重视的共同需求，然后组织和调配公司的各种资源，以一种独特的方法去满足这些需求，这就需要创新，包括产品创新和工艺创新。新产品制造出来后，还需要将新产品的新颖独特之处传达给顾客，这就需要营销创新。

（4）**以创新战略引领企业创新活动**。创新战略，是企业依据多变的环境，积极主动地在经营战略、工艺、技术、产品、组织等方面不断进行创新，从而在激烈竞争中保持独特的优势的战略。创新战略是决定企业创新活动成败的关键，企业能否取得很高的创新绩效，就是看企业创新战略的选择是否科学，是否合理；创新战略是企业长久高效发展的重要基础，企业要长久高效发展，就要对自己的创新战略做出正确的选择。创新战略是企业充满活力的有效保证。在创新活动中，企业具有活力的一个关键性因素，就是企业要有效地发挥自己的比较优势，而比较优势的发挥，则在于自己对创新战略的选择。因此，企业只有有了一个明晰科学的创新战略，使得所有活动都能按照创新战略安排进行，才能保证企业既充满活力，又能够有序发展。正是从这个意义上讲，企业创新战略是企业的创新行动纲领。

(5) **鼓励企业壮大规模**。熊彼特指出，大规模企业是经济发展的原动机，也是现代重要技术的创造发明者。只有大厂商才能负担起研究开发经费，规模大且多元化的厂商可以通过研发创新的多元化来承担风险。由此我们可以引申，大企业尤其是具有一定利润支撑和研发基础的大企业，其知识积累越强大，那么其创新能力就越强，其创新效率越高。同时，在激烈的市场竞争环境中，独立完成一项复杂的创新，无论从开发周期还是投入成本看，都将面临很大的风险，而规模大的企业，其承担创新失败分析的能力也相应要大一些。

河北省企业由于规模、人才等方面的限制，创新资源投入能力不足。河北省的钢铁、煤炭、水泥和玻璃等传统产业经过整合，其生产集中度趋于集中，规模得到壮大，有利于重大创新的开展。但仍然存在许多规模和产能都比较小的企业，需要借助政府和市场力量进行进一步整合。其他产业，如装备制造、石油化工、食品、医药、建材、纺织服装等，也需要提高集中度和壮大规模。

(6) **构建创新网络**。市场的不确定性、技术的复杂性以及创新的风险性使得来自企业外部的资源网络显得尤为重要。尤其是对于创新型企业而言，外部创新网络的建设与完善对企业创新效率与创新能力产生重要影响。如美国硅谷中任何一家企业的创新都无法完全脱离开硅谷的网络而独自进行。对于创新型企业而言，创新网络的建设主要包括三方面内容，即企业与企业之间的合作，企业与高校、科研院所之间的合作以及政府对企业创新的支持。产学研之间的内部合作及其相互合作是企业获取外部创新资源的重要途径，其对于扩展企业技术领域、缩短产品研发周期、分担研发费用和分散研发风险等具有重要的意义和价值。创新涉及经济、科技、社会等许多方面，多年来一直受到党中央、国务院的高度重视，因此，需要各方面在体制管理上、在政策上、在措施上、在人才培养上共同开展相关的工作来共同推进，积极探索出一条推进政产学研结合的有效机制和组织模式。

(7) **培育和引进核心技术带头人**。在知识经济时代，创新型企业的竞争体现在核心技术的发展上，核心竞争力的表现形式也以核心技术为主，包括技术创新能力以及对科技创新成果的转化能力。创新型企业没有核心技术的支撑，就不能实现可持续发展。一项世界领先的技术可以带动一个项目、一个企业，甚至一个产业、一个区域的发展。核心技术创新要靠核心技术带头人，要把培育和引进核心技术带头人放在企业和河北省发展的战略地位。

(8) **培育企业创新文化**。企业文化的核心就是培育和创造一种符合企业实际、催人向上、开拓创新、永争一流的企业精神。优秀的企业文化对外形成独特的企业形象定位、产生品牌效应，拓展市场和增加产品附加值；对内则形成强大的凝聚力，对企业的持续创新发展具有重大作用。创新型企业必须要有先进的、优秀的企业文化，必须重视企业文化对持续创新发展的重要作用，并将企业文化融合到企业创新活动的每一个环节。创新型企业文化是被全体员工认同的企业持续创新的价值观，其核心是持续创新，企业员工都坚信只有持续创新，企业才能生存和持续发展。只有树立适应企业创新发展的新观念、新意识、新思想，重构企业文化的理论体系，进行企业文化的创新，才能推动企业创新发展。企业实施文化创新战略，必须树立适应企业创新发展的新观念，将求实和创新相结合，认真总结和发掘带有个性的企业精神，同时增强开拓创新意识，建设有自身特色、富于求实创新的企业文化体系。把企业文化创新纳入企业持续创新发展的整体规划和发展战略中，使企业文化与企业持续发展能更好地相互支撑，增强凝聚力，使创新型企业更具有创造力。

5 高新技术产业科技研发现状分析

5.1 河北省高新技术产业科技研发现状分析

5.1.1 研究背景

技术创新是民族进步的灵魂，是国家兴旺发达的持久动力，经济可持续发展的必然之路。高新技术产业的发展进程影响着我国传统产业的发展程度、产业结构优化调整的速度及产业整体的竞争力。

自“863”计划和“火炬”计划实施以来，我国高新技术产业发展快速，各地纷纷建立高新技术产业开发园区，并正逐渐形成产业规模。自1957年索罗用全要素生产率成功测度技术创新对经济增长的贡献率后，技术创新就跃居资本和劳动之上，成为推动经济增长、提高产业竞争力的最重要力量。在中共河北省委八届六次会议上，河北省委书记做了题为“坚持靠改革创新，推动绿色崛起”的报告，指出：创新驱动，潜力无穷，创新可以创出乘数效应，集聚效应，一分创新，十分发展。河北省经济要实现持续健康发展，就必须摆脱对资源过度依赖的粗放型发展模式，实施产业结构的转型升级，而高新技术产业是河北省工业转型的战略选择。科技研发是创新的基础，高新技术产业的科技研发直接决定了河北省高新技术产业的创新能力和可持续发展。

河北省工业经济对“粗放型增长模式”有着十分强烈的路径依赖，依靠要素投入增加的粗放型经济是河北省经济发展的主要特征。有关资料显示，河北省正处于工业化中期。河北省工业过度依赖于资源和能源的大量投入，导致资源的大量浪费和非有效配置，严重影响河北省工业企业的可持续发展。具体到河北省高新技术产业，全省加快推进战略性新兴产业发展和传统产业优化升级，积极落实支持高新技术产业发展的政策，高新技术产业保持了良好发展势头，但河北省高新技术产业发展中仍存在不少问题，主要包括有高新技术产业规模较小、高新技术产业园区重复建设、特色不明显、比较优势没有得到充分发挥等，导致这一现象的主要原因是我国高新技术产业科技研发投入不足、创新意识落后、创新能力不强、自主发展能力较弱、关键原创性科技成果较少，严重制约着河北省高新技术产业的发展。

本研究立足于河北省，在定性分析河北省高新技术产业科技研发现状和存在问题基础上，研究科技研发活动、技术创新和经济增长之间的逻辑关系，采用主成分分析法分析河北省高新技术产业科技研发投入产出影响要素，运用非参数DEA方法分析河北省高新技术产业科技研发的投入产出效率，最后探讨提高河北省高新技术产业科技研发效率的路径和措施。该研究对于推动河北省高新技术产业科技研发效率，调整优化产业结构，并最终实现河北省经济、社会和环境的可持续发展都具有重大现实意义。

5.1.2　高新技术产业概况

高新技术产业是知识密集型、技术密集型产业，它以高新技术为核心竞争力，是从事研究和开发高新技术、生产和销售高新技术产品并提供技术服务支持的企业的集合，具有开发难度大、R&D投入大、附加值高等鲜明特点。经济合作与发展组织（OECD）将R&D投入强度，即R&D总经费占总产值比重、直接R&D经费占总产值比重及直接R&D经费占增加值比重3个指标，来界定高新技术产业，提出了高新技术产业的4个分类：航空航天制造业、计算机与办公设备制造业、电子与通信设备制造业、医药品制造业等确定为高新技术产业，该界定方法为世界大多数国家接受。而美国商务部判定高新技术产业的指标主要有两个：一是研究与开发强度，即R&D费用在销售收入中所占比重；二是R&D人员占总员工数的比重。

我国高新技术产业起步较晚，自从“863”计划和“火炬”计划实施以来，高新技术产业有了长足进步，经过多年的发展，正逐渐形成产业规模，但我国目前还没有高新技术产业的明确定义和判定标准，通常参考OECD标准，以新技术的密集程度和复杂程度来衡量，根据《中国统计年鉴2014》中高新技术产业的统计分类，我国高新技术产业主要包括医药制造业、航空航天器及设备制造业、电子及通信设备制造业、计算机系办公设备制造业和医疗仪器设备及仪器仪表制造业等行业。

根据《中国统计年鉴2014》显示，2013年我国高技术企业达26894家，主营业务收入达116048.9亿元，较2012年增长13.46%，其中新产品销售收入为31229.6亿元，较2012年增长22.12%，共创造利税11117亿元，较2012年增长14.59%，出口交货值成交49285.1亿元，较2012年增长5.53%，R&D人员全时当量55.9万人·年，较2012年增长6.27%，R&D经费支出2034.34亿元，占销售收入比重为1.75%，较2012年增长0.29个百分点，以上数据显示出我国高新技术产业无论从规模上还是投入、效益等各方面发展较快，日渐形成规模。另外，在“火炬”计划带动下，各地区根据自身发展特点积极创办高新技术产业开发区，截至2013年底，国务院先后共批准建立了114个国家级高新技术产业开发区，区内企业数达71180家，总收入（技术收入+销售收入）达199648.88亿元，总产值达151367.57亿元，创造净利润12443.60亿元，期末从业人员

1460.17万人，开发区依靠体制机制创新，吸引优秀科技人才、规模不断扩大，探索出了一条符合中国国情的高新技术产业的发展道路。

5.1.3 河北省高新技术产业科技研发现状

在产业结构优化升级、压减淘汰过剩产能的背景下，河北省继续实施加快推动战略性新兴产业发展和传统产业升级改造，积极落实高新技术产业发展的各项措施，河北省高新技术产业保持了稳步发展的良好态势。根据河北省科技厅统计，河北省在高端装备制造、新材料、电子信息、生物和新能源五大领域引领高新技术产业发展。

5.1.3.1 发展规模分析

从发展规模上看，2013年底，全省共组织认定高新技术企业1069家，比2012年增加244家，按所属技术领域划分：高端制造业299家，新材料领域259家，电子信息领域141家，生物技术与现代医药领域101家，节能环保领域96家，高技术服务业领域76家，新能源领域70家。2013年，入统高新技术企业实现工业总产值4520.93亿元，同比增长34.49%，其中新产品产值达2669.65亿元，占比59.05%，同比增长2.19个百分点，实现工业增加值825.91亿元，营业总收入4727.66亿元，实现利税386.93亿元，其中净利润185亿元，出口创汇76.96亿美元，共完成固定资产投资378.67亿元，显示出河北省高新技术产业发展规模在逐步稳定增长。

从五大领域来看，2013年，高端装备制造、新材料、电子信息、生物和新能源五大领域共完成增加值1363.8亿元，占高新技术产业的98.5%，同比增长0.6个百分点，从增速来看，电子信息和高端装备制造两个领域增长较快，电子信息领域实现增加值180.1亿元，增长22.0%；高端装备制造领域实现增加值676.5亿元，同比增长16.3%。

从高新区建设来看，全省省级以上高新区达到15家，其中国家级高新区达到5家，2013年全省高新区实现工业增加值3697.63亿元，其中规模以上工业总产值达到2839.36亿元；实现工业增加值932.58亿元；实现财政收入232.75亿元；实现营业总收入5710.98亿元；实现利税513.08亿元，其中净利润达221.83亿元；完成固定资产投资952.83亿元；实现高新技术资产投资160.36亿元，同比增长27.04%，为河北省高新技术产业稳定发展提供了充分的规模基础。

5.1.3.2 研究开发支出分析

R&D经费和R&D人员投入是反映科技研发能力最显性因素，对高新技术企业科技研发有直接推动作用。2013年，河北省规模以上工业高新技术产业R&D

人员合计40781人，R&D人员折合全时当量合计31738.7人·年。R&D经费内部支出合计855345万元，占主营业务收入比重为1.38%，比重仍较小，R&D经费按活动类型分，基础研究支出2726.4万元，应用研究支出17205.3万元，实验发展支出835413.3万元；R&D经费按资金来源分，政府资金为45744.7万元，企业自有资金为803722.9万元，境外资金为623.6万元，其他资金来源为5253.8万元。R&D经费外部支出59857万元，其中对境内研究机构支出30350.8万元，对境内高校支出25285.9，对境外支出3804.5万元。2013年，河北省规模以上工业高新技术产业企业办科技机构378个，机构人员合计34150人，机构经费支出627728.7万元。另外，在技术引进方面，2013年引进技术经费支出达10838.9万元，消化吸收费用8977.5万元，技术改造经费支出达204895.7万元。通过以上数据可以看出，高新技术产业科技研发支出比重仍较小，资金来源多数仍为企业自有资金，政府支持力度有待提高。

5.1.3.3　研究开发产出分析

最能表现研发产出能力的指标是新产品和专利情况，其反映了高新技术企业研究与开发的成果，是企业科技研发能力的最终体现。2013年河北省规模以上工业高新技术企业新产品开发项目3772项，新产品开发经费912037万元，新产品产值达13734413万元，新产品出口845035.1万元，占比6.14%。在自主知识产权方面，2013年河北省规模以上工业高新技术产业企业专利申请4291件，其中发明专利申请1600件，有效发明专利积累达2411件，企业发表科技文献1508篇，显示出河北省高新技术企业较为活跃的科技研发活动。

5.1.4　河北省高新技术产业科技研发存在的问题

在当前产业结构优化调整、传统行业改造升级的大背景下，河北省高新技术产业技术创新的主体主要以国有大中型企业和民营高科技企业为主，企业的科技研发步履维艰，与传统的成熟行业相比，由于体制机制方面的原因，河北省高新技术产业发展仍存在诸多问题：

(1) **高水平研发人才缺乏**。2013年河北省规模以上工业高新技术产业从业人员为628581人，其中R&D人员合计为40781人，所占比重为6.49%，过小的比重显示虽然高新技术产业从业人员众多，但具有研发能力的高科技人才却严重不足，高新技术产业所需的专业人才、高级管理人才及研发人才更是短缺。另外，高级人才的流失也成为影响河北省高新技术产业可持续发展的重要原因，河北省高新技术产业基础薄弱，相比京津两地的发展空间、福利待遇，河北省高新技术产业规模实力较弱，对人才吸引力较小，省内优秀研发人才大都流向京津，使得河北省高新技术产业的发展程度和发展速度相对缓慢。

(2) **政府的研发资金支持仍不足**。政府在高新技术产业发展过程中起到引导员的作用，政府的支持力度越大，产业才能更好更快的发展。2013年河北省规模以上工业高新技术产业R&D经费内部支出855345万元，其中来源于政府的资金为45744.7万元，所占比重为5.35%，企业自有资金为803722.9万元，所占比重为93.96%，远大于政府资金支持，说明高新技术企业开展研究开发、技术进步活动仍旧依赖企业自身的资金积累，政府支持力度有待进一步提高，在当前传统行业改造升级的形势下，政府应加大对高新技术产业的扶持力度，积极促进战略性新兴产业发展。

(3) **技术引进的转化效率低下**。技术引进是提高高新技术产业技术发展水平的直接有效的方式，技术引进能够在短期内促进技术水平提升，但是技术引进过程中存在着有效性不足、自主创新乏力的问题。技术引进能够帮助企业了解到国外先进技术，并运用到企业自身发展过程中，但技术引进制度的不完善，导致不同地区和企业处于无序引进的状态，重复引进、低效率引进现象较普遍，同时引进的技术未能有效消化吸收，进而转化为自主创新的基础利用资源，造成巨大的资金浪费。2013年河北省规模以上高新技术产业技术引进经费达10838.9万元，而消化吸收费用8977.5万元，在消化吸收和再创新方面的经费投入明显不足，导致对引进技术的消化再创新能力薄弱，从而严重影响了河北省高新技术产业自主研发能力的提升。

(4) **产学研合作不协调**。产学研合作要求企业、高等学院与科研院所之间通力合作、相互配合，发挥各自优势，促进技术创新上、中、下游的对接与耦合，促进技术创新成果转化为现实生产力。而河北省高新技术企业的科技研发实力有限，而科技研发活动主要集中在高等院校、科研院所等研发单位，企业并未成为研发活动的主体，导致产学研合作缺乏互动、科技成果转化率低下、产学研效益不足，同时，研发单位的科技成果与企业的生产实际相脱节，难以推动科技成果产业化发展，另外，高新技术企业对产学研的重视程度不够，研发人员的科技创新、成果转化都与当前市场经济法则互不适应，且政府在企业、高等院校、科研院所之间的引导协调作用不强，机制不完备，导致河北省产学研合作的不协调，科技创新成果利用率不高，难以有效促进高新技术企业开展科技研发活动。

(5) **政策体系不完善导致企业研发缺乏活力**。良好的政策体系对于高新技术产业的创新发展起到积极的促进作用，而河北省现行的创新政策体系，仍是以带动GDP增长、促进经济发展为主，缺乏支持高新技术产业创新研发的清晰导向，较不完善的高新技术产业政策使得政策的引导作用不强、执行效果有限，创新政策与其他相关联的分配政策、社会保障政策相不匹配，无法带动高新技术产业的科技创新发展。另外，合理的税收政策是政府促进技术进步、企业保持创新活力的重要工具，但税收政策在内外资企业的不同待遇，有失公平，具体表现为，外资企业的税收明显低于内资企业和国有企业，外资企业还享有进口设备消费增值税优惠，同时，科技型民营企业难以获得税收优惠支持，这在很大程度上导致高新技术企业在政策选择上的短视行为，缺乏长期开展科技研发活动的内在动力，表明河北省现行政策体系已不能适应高新技术产业科技创新发展的要求。

5.2 技术创新和经济增长之间的逻辑关系分析

5.2.1 技术创新与经济增长关系的文献分析

技术创新的概念最早是由美国经济学家熊彼特提出的，他于 1912 年在《经济发展理论》一书中首次提出了“创新理论”，他认为创新就是把生产要素和生产条件的新组合引入生产体系中，“建立一种新的生产函数”，其目的是为了获取潜在利润，一般包括五种情况：（1）开发新产品或者改良原有产品；（2）使用新的生产方法；（3）开辟新的市场；（4）发现新的原料或者半成品的新的供给来源；（5）实现新的产业组织。后人将其归纳为“五个创新”：产品创新、技术创新、市场创新、资源配置创新和组织创新。熊彼特不仅建立了创新理论，并将及时创新作为一个独立变量来考察其对经济增长的影响，论述了技术创新促进经济增长的机理。索洛继承和发展了熊彼特的技术创新理论，在哈罗德-多马的经济增长模型基础上，首次将外生的技术创新因素纳入分析模型提出了经济增长模型，该模型表明经济增长主要取决于技术创新因素。20 世纪 80 年代中期以罗默和卢卡斯为代表形成的新经济增长理论，其认为决定经济持续增长的动力来源是内生的技术进步。

我国技术创新与经济增长关系的研究起步较晚，但成果显著。傅家骥、许庆瑞等从理论角度分析了技术创新与经济增长之间的关系，并认为技术创新强调商业化应用和获取经济效益；姚立中（2003）着重分析了资本与技术两因素对中国经济增长的影响，其任务技术进步对我国经济增长具有正向的作用机制。吴传清、刘方池（2003）探讨了区域技术创新对经济增长的影响，研究指出，区域技术创新可以推进区域经济的制度和环境创新。在实证分析方面，黄智淋、俞培果（2007）运用 31 省市的专利和 GDP 面板数据对我国技术创新与经济增长的关系进行实证检验，结果表明，技术创新对经济增长的作用逐年增强，并逐步成为我国经济增长的重要源泉；赵树宽、余海晴等（2012）以 VAR 模型为基础，分析了技术标准、技术创新与经济增长之间的长期动态关系，结果显示，技术创新与技术标准在长期内促进经济增长，技术创新是经济增长的源动力，但经济增长对技术创新的影响不明显。

纵观以上国内外研究成果，国内外学者对技术创新活动对经济增长的作用机理以及技术创新与经济增长之间的相互关系等方面的成果显著，多数研究认为，开展技术创新活动有助于促进地区经济增长。针对我国技术创新与经济增长关系的具体情况，我国经济增长主要依靠投资来拉动，技术创新的推动作用逐年在提高，技术创新仍未成为经济增长的首要因素，这主要是由于我国近年来经济发展是劳动密集型，而不是技术密集型，经济增长依赖于基建、工程、房地产等投资为主，但我国已逐渐意识到技术创新的重要促进作用，开始走产业转型之路，进入向创新驱动型经济发展模式转型。

5.2.2 河北省技术创新与经济增长关系的实证检验

本节以河北省为实证对象，选择地区生产总值（GDP）作为衡量河北省经济增长的指标，以专利申请量作为反映河北省技术创新水平的指标，通过计量经济模型来实证分析技术创新与经济增长之间的因果关系。两个指标的数据均来源于《河北经济年鉴》，研究的时间区间是1988—2013年，采用协整检验、格兰杰因果关系进行检验，考虑到消除非平稳时间序列的异方差性，对河北省地区生产总值和专利申请量的数据取自然对数，分别用LnGDP和LnPAT来表示。

5.2.2.1 平稳性检验

由于LnGDP和LnPAT两个时间序列表现出非平稳性，且协整检验必须是对同阶单整序列进行检验，否则容易产生虚假回归问题，因此在协整检验之前，需要对这两个时间序列进行平稳性检验，检验序列是否平稳的方法为单位根检验，通常采用ADF检验法。ADF检验的结果见表5-1。

表5-1 两序列的ADF单位根检验

变量	ADF检验值	检验类型（C，T，P）	临界值（1%，5%，10%）	检验结果
LnGDP	-1.645487	（C，N，1）	（-3.808546，-3.020686，-2.650413）	不平稳
ΔLnGDP	-4.121809***	（C，N，1）	（-3.808546，-3.020686，-2.650413）	平稳
LnPAT	0.617456	（C，N，1）	（-3.724070，-2.986225，-2.632604）	不平稳
ΔLnPAT	-3.099488**	（C，N，1）	（-3.737853，-2.991878，-2.635542）	平稳

注：检验类型（C，T，P）中的C、T、P分别指常数项、时间趋势（N为不包含）和滞后阶数；**、***分别表示序列在5%、1%的显著性水平下拒绝原假设。

从检验结果看，LnGDP和LnPAT两个时间序列的ADF检验值均大于10%的显著性水平下的临界值，接受存在单位根的原假设，表示LnGDP和LnPAT都是非平稳的，而经过一阶差分后的时间序列的ADF检验值都小于5%的显著性水平下的临界值，拒绝存在单位根的原假设，说明一阶差分后的序列在5%的显著性水平下是一阶平稳的，即河北省LnGDP和LnPAT均为一阶单整I（1）序列。

5.2.2.2 协整检验

对于同阶单整的时间序列，这两个序列之间可能存在着某种协整关系，协整关系的存在意味着两者之间长期稳定的关系。由 ADF 检验可知 LnPAT 和 LnGDP 都是一阶单整序列，两者之间存在某种平稳的线性组合，可以进行协整分析，本部分采用 E-G 两步法对河北省专利申请量和地区 GDP 两序列进行协整性检验。

首先，对 LnPAT 和 LnGDP 两个时间序列进行普通最小二乘法估计（OLS），回归模型结果为：

$$LnGDP_t = 1.2709LnPAT_t - 2.1931$$
$$(18.6408) \qquad (-3.7877)$$

其中，$R^2 = 0.9354$，F-statistic = 347.48，由此可知，回归参数通过了显著性检验，回归模型拟合程度较好。

接下来，要检验回归残差序列的平稳性，对回归模型的残差进行 ADF 单位根检验，如果残差序列 ε_t 是平稳的，则两个序列之间存在协整关系，反之不存在，检验结果见表 5-2。

表 5-2 回归残差序列的 ADF 单位根检验

变量	ADF 检验值	检验类型（C，T，P）	临界值（1%，5%，10%）	检验结果
ε_t	-2.8523	（N，N，1）	（-2.6648，-1.9557，-1.6087）	平稳

由表 5-2 可以得出，残差序列 ADF 检验值小于 5%的显著性水平下的临界值，残差序列不包含单位根，是平稳序列，这说明 LnPAT 与 LnGDP 之间存在协整关系，它们之间具有长期稳定的均衡关系，即专利申请量的弹性系数为 1.2709，说明专利申请量每增加 1%，可带动河北省 GDP 增加 1.2709%，这说明在长期发展过程中，技术创新对经济增长具有一定的拉动作用。

5.2.2.3 Granger 因果关系检验

协整检验的结果表明河北省专利申请量与地区生产总值之间存在长期稳定的均衡关系，长期的均衡关系是否构成互为因果的关系，本节采用检验因果关系常用的格兰杰（Granger）因果检验法，检验 LnPAT 和 LnGDP 的 Granger 因果关系。

因果关系的检验需要确定滞后阶数，根据 LR、FPE、AIC、SC 和 HQ 五个判断准则进行分析（表 5-3），得出最佳滞后阶数为 2。

表 5-3 滞后阶数判断准则结果

Lag	LogL	LR	FPE	AIC	SC	HQ
0	-29.83558	NA	0.054621	2.768311	2.867050	2.793144

续表 5-3

Lag	LogL	LR	FPE	AIC	SC	HQ
1	56.75347	150.5897	4.17e-05	-4.413345	-4.117130	-4.338848
2	66.26886	14.89365*	2.61e-05*	-4.892944*	-4.399251*	-4.768782*
3	67.64545	1.915262	3.36e-05	-4.664822	-3.973652	-4.490995

注：*表示从每一列标准中选的滞后数。

选择滞后期 2 为基准，对河北省专利申请量和地区生产总值的 Granger 因果关系进行检验，结果见表 5-4。

表 5-4 LnGDP 与 LnPAT 的 Granger 检验结果

原假设	滞后期	F 值	Prob	结论
LnPAT 不是 LnGDP 的格兰杰原因	2	2.77429	0.0377**	拒绝
LnGDP 不是 LnPAT 的格兰杰原因	2	0.98788	0.2907	接受

注：**表示 5%显著性水平下拒绝原假设。

由表 5-4 可以看出，滞后 2 阶前提下，“LnPAT 不是 LnGDP 的格兰杰原因”的原假设的 F 值显著不为 0，P 值小于 5%显著性水平，因此，拒绝原假设，说明专利申请量变动是引起地区生产总值变动的原因，随着河北省专利申请量的增长，地区生产总值也在提高；但“LnGDP 不是 LnPAT 的格兰杰原因”的原假设的 F 值显著不为 0，但 P 值大于 5%显著性水平，因此，接受原假设，说明地区生产总值变动不是引起专利申请量变动的原因，表明地区生产总值的增长对河北省专利申请量的带动作用较有限。因而可以说，河北省技术创新与经济增长之间存在单向因果关系，技术创新是经济增长的原因，技术创新促进了河北省经济增长，但经济增长对技术创新水平的提升作用有限，且存在滞后性。

5.3 河北省高新技术产业科技研发投入产出要素分析

5.3.1 科技研发投入产出指标体系

高新技术产业的科技研发活动是一项复杂的系统过程，技术创新活动不是由单个独立的变量决定的，而是由一群有直接或间接联系的因素通过不同作用方式在特定的区域与历史条件下共同决定的，因此需考虑技术创新过程的各方面因素。对科技研发投入产出要素的综合测评离不开评价指标体系的构建，建立高新技术产业科技研发评价指标体系必须能够充分体现技术创新活动投入产出的过程。根据科技研发过程中的投入产出要素，将科技研发指标体系分为技术创新投入、技术创新产出两部分（表 5-5），并采用主成分分析法对投入产出要素进行综合评价。

表 5-5　河北省高新技术产业科技研发评价指标体系

一级指标	二级指标	三级指标
技术创新投入	人员投入	R&D 人员（人）(X_1)
		R&D 人员折合全时当量（人·年）(X_2)
	资金投入	R&D 经费内部支出（万元）(X_3)
		政府 R&D 资金投入（万元）(X_4)
		R&D 经费外部支出（万元）(X_5)
		新产品开发经费支出（万元）(X_6)
	技术引进	引进技术经费支出（万元）(X_7)
		消化吸收经费支出（万元）(X_8)
		技术改造经费支出（万元）(X_9)
技术创新产出	新产品	新产品开发项目数（项）(X_{12})
		新产品销售收入（万元）(X_{13})
		新产品出口（万元）(X_{14})
	科技成果	专利申请数量（件）(X_{15})
		有效发明专利（件）(X_{16})
技术创新环境	研发环境	研发机构数（个）(X_{10})
		研发机构人员（人）(X_{11})
	运营环境	出口交货值（亿元）(X_{17})
		主营业务收入（亿元）(X_{18})

5.3.2　主成分分析过程

根据以上建立的评价指标体系，运用主成分分析法对河北省高新技术产业科技研发的投入产出要素进行综合评价，以期得到影响产业技术创新的主要因素。评价指标数据来源于《中国高技术产业统计年鉴》《中国科技统计年鉴》《河北经济年鉴》，时间区间为 2004—2013 年共 10 年。

由于评价指标体系中存在不同量纲的指标，为排除量纲不同对数据分析的影响，首先需要对原始数据作无量纲化处理，即标准化，经过处理后的数据仍包含原始数据的信息，处理过程在 SPSS 内完成。

主成分分析是利用降维的思想，在力保数据信息损失最少的原则下，把多个指标转化为少数几个综合指标的一种多变量数据进行最佳综合简化的多元统计方法，主成分是原始变量的线性组合，且主成分之间互不相关，并不会丢掉原始数据的主要信息。根据标准化后的数据，用 SPSS20.0 对其做主成分分析，得到方差贡献表（表 5-6）。

表 5-6 方差贡献表

成分	初始特征值			提取平方和载入		
	合计	方差的百分比/%	累积百分比/%	合计	方差的百分比/%	累积百分比/%
1	13. 936	77. 424	77. 424	13. 936	77. 424	77. 424
2	1. 641	9. 114	86. 538	1. 641	9. 114	86. 538
3	1. 182	6. 567	93. 105	1. 182	6. 567	93. 105
4	0. 637	3. 538	96. 643			
5	0. 310	1. 721	98. 364			
6	0. 203	1. 128	99. 492			

由方差贡献表可知，提取了 3 个主成分，可称为f_1、f_2、f_3，这 3 个成分的特征根大于 1，且这 3 个主成分的累计方差贡献率为 93. 105%，即这 3 个主成分保留了原始数据 93. 105%的信息，说明降维提取的这 3 个主成分是比较合适的。同时得到的因子载荷矩阵（表 5-7）和主成分得分系数矩阵（表 5-8）。

表 5-7 因子载荷矩阵

指标	成 分			指标	成 分		
	f_1	f_2	f_3		f_1	f_2	f_3
X_1	0. 923	−0. 261	−0. 178	X_{10}	0. 972	−0. 036	−0. 019
X_2	0. 924	0. 085	0. 337	X_{11}	0. 979	0. 033	−0. 025
X_3	0. 972	−0. 138	0. 104	X_{12}	0. 951	0. 035	0. 147
X_4	0. 800	−0. 426	−0. 207	X_{13}	0. 709	0. 661	−0. 170
X_5	0. 959	0. 100	0. 054	X_{14}	0. 502	0. 806	−0. 192
X_6	0. 984	−0. 058	0. 085	X_{15}	0. 968	−0. 132	0. 004
X_7	−0. 256	0. 055	0. 926	X_{16}	0. 988	−0. 036	0. 040
X_8	0. 920	−0. 183	−0. 051	X_{17}	0. 874	0. 305	0. 122
X_9	0. 807	−0. 333	−0. 042	X_{18}	0. 975	0. 045	0. 074

表 5-8 主成分得分系数矩阵

指标	成 分			指标	成 分		
	f_1	f_2	f_3		f_1	f_2	f_3
X_1	0. 066	−0. 159	−0. 151	X_5	0. 069	0. 061	0. 046
X_2	0. 066	0. 052	0. 285	X_6	0. 071	−0. 036	0. 072
X_3	0. 070	−0. 084	0. 088	X_7	−0. 018	0. 034	0. 784
X_4	0. 057	−0. 260	−0. 175	X_8	0. 066	−0. 112	−0. 043

续表 5-8

指标	成分			指标	成分		
	f_1	f_2	f_3		f_1	f_2	f_3
X_9	0. 058	-0. 203	-0. 036	X_{14}	0. 036	0. 491	-0. 162
X_{10}	0. 070	-0. 022	-0. 016	X_{15}	0. 069	-0. 080	0. 004
X_{11}	0. 070	0. 020	-0. 021	X_{16}	0. 071	-0. 022	0. 034
X_{12}	0. 068	0. 021	0. 124	X_{17}	0. 063	0. 186	0. 103
X_{13}	0. 051	0. 403	-0. 144	X_{18}	0. 070	0. 027	0. 063

根据主成分得分系数矩阵，可以得到 3 个主成分的得分，在 SPSS 中操作生成每年的主成分得分（表 5-9）。

表 5-9　主成分得分表

年份	f_1 得分	f_2 得分	f_3 得分
2004	-0. 9557	-0. 6951	0. 4858
2005	-1. 0057	-0. 0589	0. 8383
2006	-0. 9197	-0. 0815	-0. 6884
2007	-0. 7383	-0. 0527	-1. 0085
2008	-0. 2611	-0. 5157	-1. 5471
2009	0. 0695	0. 4582	0. 8608
2010	0. 0364	0. 8013	1. 6096
2011	0. 5179	0. 6778	-0. 1201
2012	1. 4884	1. 5750	-0. 8226
2013	1. 7682	-2. 1085	0. 3923

根据上述 3 个主成分因子的得分表，以每个主成分的特征根为权数（特征根分别为 $\lambda_1 = 13.936$、$\lambda_2 = 1.641$、$\lambda_3 = 1.182$），对每个主成分进行加权加总，建立河北省高新技术产业科技研发水平评价模型：

$$F = \frac{\lambda_1}{\lambda_1 + \lambda_2 + \lambda_3} f_1 + \frac{\lambda_2}{\lambda_1 + \lambda_2 + \lambda_3} f_2 + \frac{\lambda_3}{\lambda_1 + \lambda_2 + \lambda_3} f_3$$

即 $F = 0.8316f_1 + 0.0979f_2 + 0.0705f_3$，将各年主成分得分代入公式，得到河北省高新技术产业 2004—2013 年科技研发水平（表 5-10）。

表 5-10　河北省高新技术产业科技研发水平

年份	2004	2005	2006	2007	2008	2009	2010	2011	2012	2013
F	-0. 83	-0. 78	-0. 82	-0. 69	-0. 38	0. 16	0. 22	0. 49	1. 33	1. 29

由此表格做出能够反映变化趋势的折线图（图 5-1）。由折线图可以看出河北省高新技术产业科技研发水平在波动中起伏上升，2008 年及之前的水平偏低，2008 年之后逐渐呈现快速增长的态势，特别是近几年增幅明显，说明河北省高新技术产业科技研发投入产出逐渐发挥成效，但科技研发的绩效水平的测度仍需要进一步探索。

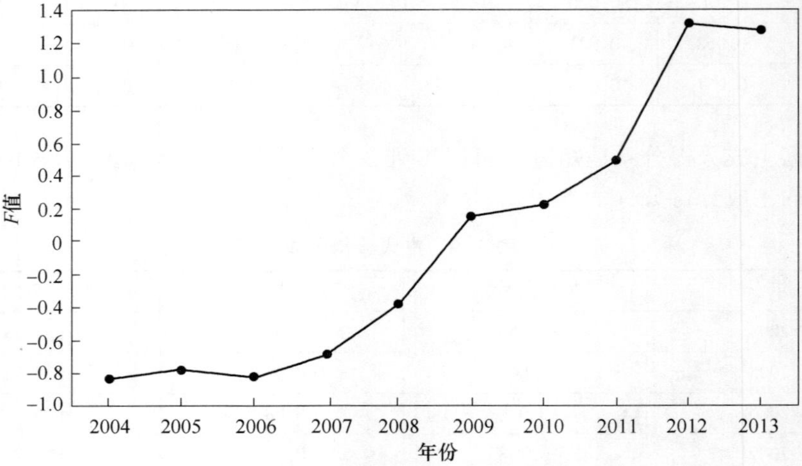

图 5-1　河北省高新技术产业科技研发水平

5.4　河北省高新技术产业科技研发绩效分析

5.4.1　绩效评价方法：非参数 DEA

研发绩效评价分析其实是对科技研发的投入产出效率进行衡量、测度，以定量的视角分析高新技术产业科技研发效率的高低。当前，效率评价分析的方法主要有两大类：一类是基于非效率前沿面的评价，是绝对效率的评价方法，但该方法不能对多投入、多产出的科研活动进行评价，仅适用于单指标的评价，局限性较大；另一类是基于效率前沿面的评价，是相对效率的评价方法，其可分为参数前沿面评价和非参数前沿面评价两种方法，参数前沿面评价方法需要确定相关参数，对参数进行有效估计，而非参数前沿面参数的限制，在适用范围、客观性等方面较参数前沿面评价具有显著优势，非参数前沿面评价中应用最为广泛的数据包络法（DEA）。

DEA 方法能够对具有多投入、多产出特点的决策单元（DMU）进行相对有效性进行测评，该方法利用线性规划给出边界生产函数与距离函数的估算值，即生产前沿面，通过界定决策单元的投入产出对应的点是否位于生产前沿面上来比较决策单元之间的相对效率，同时输出投影值。该方法既保证了原始信息的完整性，也避免了人的主观性造成的偏差。

DEA 方法包括 CCR 和 BCC 两种模型，CCR 模型是基于规模报酬不变假设的模型，而 BCC 模型是基于规模报酬变动的假设，它能将纯技术效率和规模效率区分开来，能够衡量决策单元在既定的生产情况下，是否处于最优生产规模。故以 DEA 方法中的 BCC 模型对河北省高新技术产业科技研发绩效进行测评。

5.4.2　科技研发效率评价指标体系

科技研发活动是一个从投入到产出的动态过程，该过程涉及创新研发中的多个要素，构建评价指标体系必须充分体现技术创新活动投入产出的过程，依据前文主成分分析的指标，及可操作性、可代表性、科学性等原则，建立河北省高新技术产业科技研发效率评价指标体系（表 5-11）。数据来源同主成分分析，研究时间范围为 2004—2013 年。

表 5-11　河北省高新技术产业科技研发效率评价指标体系

<table>
<tr><td rowspan="5">科技研发效率
评价指标体系</td><td rowspan="3">投入指标</td><td>R&D 人员（人）</td></tr>
<tr><td>R&D 经费内部支出（万元）</td></tr>
<tr><td>新产品开发经费支出（万元）</td></tr>
<tr><td rowspan="2">产出指标</td><td>新产品销售收入（万元）</td></tr>
<tr><td>专利申请数量（件）</td></tr>
</table>

5.4.3　基于 BCC 模型的 DEA 评测分析

采用 DEAP2.1 软件，基于投入导向型的 BCC 模型，根据构建的科技研发效率评价指标体系对数据进行 DEA 测度，得到河北省高新技术产业科技研发绩效的综合技术效率、纯技术效率和规模效率（表 5-12）。

表 5-12　河北省高新技术产业科技研发绩效 DEA 分析结果

年份	综合技术效率	纯技术效率	规模效率	规模报酬
2004	0.695	1	0.695	递增
2005	0.646	0.965	0.67	递增
2006	0.793	1	0.793	递增
2007	0.781	0.937	0.833	递增
2008	1	1	1	—
2009	1	1	1	—
2010	0.834	1	0.834	递增
2011	0.940	0.981	0.958	递增

续表 5-12

年份	综合技术效率	纯技术效率	规模效率	规模报酬
2012	1	1	1	—
2013	1	1	1	—
Mean	0.869	0.988	0.878	

根据 DEA 分析结果可得出以下结果：

（1）从综合技术效率来看，河北省高新技术产业科技研发绩效水平呈稳步上升态势，略有波动，近两年的技术效率均为 1，说明科技研发的投入产出达到了技术有效，发展较稳定，表明河北省高新技术产业开展创新活动的资源配置能力、资源利用效率、科研管理等方面达到了有效的水平。但技术效率的平均值为 0.869<1，说明从整体研发绩效演变来看，河北省高新技术产业科技研发绩效是 DEA 无效的，表明河北省高新技术产业科研发展的不稳定性，仍有较大的发展空间。

（2）从纯技术效率来看，纯技术效率反映了在一定的研发投入下实现产出的技术水平。由表中可知，除了个别年份的纯技术效率小于 1 外，其他年份均达到了 DEA 有效，表明河北省高新技术产业科技研发的技术管理能力相对较高。

（3）从规模效率看，规模效率的变化与技术效率变动保持一致，这说明规模效率是影响技术效率变动的主因，但规模报酬整体上呈现递增的态势，反映出河北省高新技术产业的规模虽然相对较小，但产业规模增长趋势明显，在扩大产业规模方面仍具有加大发展潜力。

另外，通过对河北省高新技术产业科技研发绩效投入的实际值与目标值的对比分析，来研究投入导向型下投入冗余或投入不足的情况（表 5-13）。

表 5-13 河北省高新技术产业科技研发投入实际值与目标值比较

年份	R&D 人员			R&D 经费内部支出			新产品开发经费		
	实际值	目标值	差值比/%	实际值	目标值	差值比/%	实际值	目标值	差值比/%
2004	5720	5720	0	28905	28905	0	27328	27328	
2005	6550	6246.615	4.63	34702	32393.31	6.65	29647	28600.92	3.53
2006	6861	6861	0	36463	36463	0	30086	30086	
2007	7303	6843.15	6.30	44362	40064.83	9.69	40128	37601.25	6.30
2008	8672	8672	0	46779	46779	0	41548	41548	
2009	7878	7878	0	77716	77716	0	75807	75807	
2010	7444	7444	0	90836	90836	0	84196	84196	
2011	8532	8370.78	1.89	118244	97933.55	17.18	117252	97580.71	16.78
2012	9718	9718	0	154272	154272	0	159434	159434	
2013	11869	11869	0	216687	216687	0	198076	198076	

从表 5-13 可以看出，近十年除个别年份出现投入冗余外，多数年份的投入效率是有效的，可以发现的是出现投入冗余的均是纯技术效率<1 的年份，而对于纯技术效率为 1 的情况，则是规模与投入产出不相匹配，因此产业需要扩大规模。R&D 人员、R&D 经费内部支出及新产品开发经费在 2005 年、2007 年、2011 年出现不同程度的冗余情况，其中在 2011 年，R&D 经费内部支出和新产品开发经费冗余情况最为严重，分别达到了 17.18%和 16.78%，这说明 2011 年河北省高新技术产业研发经费的投入过剩，造成大量浪费、投入效率低、经费管理混乱，但在整体上的变化看，投入冗余较为乐观，研发投入利用率相对较好，同时也说明在科技研发过程中，经费投入并非越多越有利，经费投入应当与产业规模、研发实力及产出水平相适应，否则就会出现投入冗余情况，造成人员、资金、资源等的浪费，使得高新技术产业难以可持续发展。

5.4.4　分地区高新技术产业科技研发效率 DEA 评测分析

根据前文 DEA 的分析过程，接下来以 2013 年为研究时点，对河北省 11 地市高新技术产业科技研发绩效进行 DEA 分析，研发投入产出指标按照表 4-2 所选，研究对象选择河北省 11 地市全部规模以上工业高新技术产业企业，仍基于投入导向型的 BCC 模型进行 DEA 测度分析（表 5-14）。

表 5-14　2013 年各地市高新技术产业科技研发绩效 DEA 分析结果

年份	综合技术效率	纯技术效率	规模效率	规模报酬
石家庄市	0.560	0.66	0.849	递减
唐山市	0.810	1	0.810	递减
秦皇岛市	1	1	1	—
邯郸市	0.894	1	0.894	递减
邢台市	0.361	0.455	0.794	递增
保定市	0.842	1	0.842	递减
张家口市	1	1	1	—
承德市	0.767	1	0.767	递增
沧州市	0.548	0.571	0.959	递减
廊坊市	1	1	1	—
衡水市	1	1	1	—
Mean	0.798	0.881	0.901	

由表 5-14 可以看出，就综合技术效率而言，秦皇岛、张家口、廊坊和衡水的综合技术效率均为 1，说明这几个地级市的高新技术产业科技研发绩效达到了 DEA 有效，而其他地级市则未达到 DEA 有效。而唐山、邯郸、保定和承德的纯

技术效率达到了 DEA 有效，这是由于其产业规模与科技研发的投入、产出不相匹配造成的，这些地区应适当扩大产业规模，加强资源的利用和管理。对于石家庄、邢台、沧州这 3 个城市的纯技术效率和规模效率均未达到有效，导致综合技术效率是 DEA 无效的，且纯技术效率偏低，综合技术效率受规模效率影响较大，主要是因为存在研发投入冗余、产出不足及规模不合理的现状。

5.5 河北省高新技术产业科技研发效率的提升路径

本书经过定性分析河北省高新技术产业科技研发现状及存在的问题，采用主成分分析法对河北省高新技术产业科技研发投入产出要素进行分析，基于非参数的 DEA 方法对河北省高新技术产业科技研发绩效测评分析，得出以下主要结论：一是河北省高新技术产业科技研发存在高水平研发人才缺乏、政府研发资金支持不足、技术引进的转化效率低下、产学研合作不协调、政策体系不完善等问题，需要建立长效的创新机制来保障产业科技研发的活力；二是通过对河北省高新技术产业科技研发投入产出要素的主成分分析，显示出其科技研发水平在波动中起伏上升，投入产出逐渐发挥成效，科技研发活动较活跃；三是通过河北省高新技术产业科技研发绩效的 DEA 分析，发现综合技术效率呈稳步上升态势，略有波动，受规模效率影响较大，对于纯技术效率达到有效，但综合技术效率无效的年份，是由研发投入、产出与产业规模相不匹配造成的；四是从地级市高新技术产业科技研发绩效来看，只有秦皇岛、张家口、廊坊和衡水的综合技术效率是有效的，整体上的综合技术效率未达到有效，仍具有较大发展空间。根据以上研究结论，结合河北省高新技术产业科技研发的发展现状，提出河北省高新技术产业科技研发效率的提升路径，建立由内而外的产业创新保障机制。

路径一：加快建立多层次研发创新人才培养体系

研发创新是产业结构调整与优化、产业可持续发展的主导力量，而掌握先进知识和技术、具有创新意识的优秀的研发人才队伍是科技研发的关键，是保障研发活力的根本，在国家提倡自主创新的背景下，有必要建立并完善多层次研发创新人才队伍。随着我国经济发展方式转变、产业结构调整、自主创新等一系列战略规划的实施，高新技术产业已进入了创新驱动发展的事情，产业科技研发人才的水平和规模成为科技研发水平提升的重要影响因素，且影响程度将更加突出。而河北省存在着研发人才投入不足的现象，作为创新主体的科研机构、大中专院校及企业应该有意识培养一批具有创造性的中青年科技人才，尤其是重大技术研发和系统设计的领军带头人才，注重从国家科技重大专项的实施过程中培养一批创新型科技人才，不断提升科技人才的创新素质和技术水平。同时要建立高效的人才激励机制，争取实现“引得进、留得住、用得好”，完善人才引进机制，充分调动科研人员的积极性。另外，要打破对科技人才的束缚，建立市场化机制，实现人才自由流动，使得创新人才能够最大程度发挥人的能力。

路径二：加大高新技术企业科技创新投入力度

研发作为科技活动的根本，是创新的基础，而高新技术企业保持竞争力的关键就是科技创新。技术创新活动的开展离不开资金支持，企业的科技研发活动资金的主要来源为政府支持和企业自有资金，企业的自有资金所占比重最大，而政府的创新投入资金的规模和导向性成为资源型产业技术创新能力的重要支撑。对于高新技术企业自身来说，研发经费投入强度呈逐步下降的趋势，创新投入相对于其他的资金投入而言是较小的，企业应将科技研发提高到战略层面，加大研发投入，在积极争取财政支持的同时，也要通过各种灵活的方式吸纳研发资金，如交易成熟技术、合作研发等，而对于政府创新资金的支持来说，应加大现有财政资金对高新技术产业技术创新的支持力度，并对科研资金进行科学预算、严格管理，提高资金的使用效率，同时，需要充分发挥政府投入的优化配置效应及宏观调控和导向功能，强化对产业自主创新能力的培育。另外，根据DEA评价分析结果来看，河北省高新技术产业还存在着研发投入冗余的情况，导致投入产出效率较低，因而，河北省高新技术产业在加大研发投入过程中，不能盲目增加研发经费投入额，要根据企业投入产出效率对比，合理规划企业研发经费，并建立研发经费投入的良性互动机制。

路径三：加大政府政策支持导向力度

科技研发是高新技术企业持续发展、保持竞争力的必备要素，企业科技研发活动需要良好的创新生态环境支持，而政府对于技术创新的扶持，是围绕创新投入、中间消耗、创新产出等构成的创新链营造的创新生态，政府应成为技术创新的协调者和引导员，构建优良的创新环境平台，通过出台财政、税收、金融等优惠政策最大限度地提高政府政策的支持效率，节约开展技术创新活动的成本，增强技术创新的活力和动力。另外，在河北省高新技术产业科技研发现状的分析可以看出，研发投入经费中，政府及融资等外来资金的比例过低，研发投入过度倚重企业自有资金，而企业资金不足一直是河北省高新技术企业普遍存在的问题，影响到河北省高新技术企业科技研发绩效的提高，因而，政府应充分把握高新技术产业作为战略性新兴产业的运行规律和特征，加强引导，科学规划科技投入政策、人才政策及技术引进政策等相关政策体系的出台时机，加大政府对高新技术企业科技研发的财政拨款，拓宽企业融资渠道，并根据不同类型高新技术企业技术创新发展的不同特点制定有预见性、针对性的高新技术产业技术创新政策，并要求各项技术创新政策必须保持良好的协调性、持续性和配套性。

路径四：注重引进国外先进技术再创新

自主创新的实现是一个耗时相对较长的研发过程，而引进国外先进的技术装备工艺、创新理念，经过消化吸收再创造，能够在短时间内实现技术进步，提高产业的技术水平。产业发展初期，实行的“以市场换技术”战略，短期内获得了自身不具备的先进技术，促进了产业的快速发展，但随着技术工艺的进步、自主创新意识的觉醒及国内外技术交流、国外技术壁垒的出现，单纯引进技术而没有自己的创新，难以真正提高科技研发能力，唯有注重提高自身的自主创新，培养高水平创新人才，逐渐减少对外技术的依赖，才能使得高新技术产业可持续发展、真正提升企业的科技研发水平，关键是鼓励与引导自主创新，培养高水平自主创新人才，掌握关键的核心技术，提高国内技术工艺装备水平，逐步减少对国外技术引进的依赖，这需要良好的技术创新环境、高水平科研人才、政府资金支持等全方位的整合，也是必须经历的过程。

参考文献

[1] 杨公仆．现代产业经济学［M］．上海：上海财经大学出版社，2005.
[2] 曾祥效．经济增长方式与创新型企业的关系及测度研究［J］．科技管理研究，2007（1）：43-45.
[3] 沈飞，伍卓．技术进步对湖南省经济增长影响的实证研究［J］．山东科技大学学报（社会科学版），2013（6）：66-71.
[4] 张优智，党兴华．专利产出与经济增长的协整关系研究［J］．科技管理研究，2013（11）：184-187.
[5] 杨馥毓．创新与经济增长关系的研究［J］．世纪桥，2007（2）：60-62.
[6] Langrish J. Technology Transfer：Some British Data［J］. R&D Management，1971（1）：133-136.
[7] Freeman C，Roillweill R，Horseley A，et al. SAHHO updated：Project SAHHO phase Ⅱ［J］. Reseach Policy，1974，3：258-291.
[8] Martin C C. Project Management［M］. NewYork：Amaco，1976.
[9] Cooper R G. Overhauling the new product process［J］. Industrial maketing Management，1996，25（6）：465-482.
[10] Pinto，Jeffrey K，Slevin Denis P. Critical factors in successful Project Implementation［J］. IEEE Transactions on Engineering Management，1987，EM-34（1）：22-27.
[11] 文丰，翟青．中国情形下企业创新的要素及选择机制［J］．技术经济与管理研究，2011（8）：46-49.
[12] 庞瑞芝，薛宁，丁明磊．中国创新型试点企业创新效率及其影响因素研究［J］．产业经济研究，2012（5）：1-11.
[13] 彭海颖．浙江中小企业技术创新影响因素分析与对策［J］．工业技术经济，2010（6）：125-131.
[14] 肖仁桥，王宗军，钱丽．我国不同性质企业技术创新效率及其影响因素研究：基于两阶段价值链的视角［J］．管理工程学报，2015（2）：190-201.
[15] 严凯旋．创新型企业创新绩效评价研究［D］．合肥：合肥工业大学，2012.
[16] 李醒民，魏玖长．区域创新型企业创新效率评价及影响因素分析［J］．中国科学技术大学学报，2015（8）：702-708.
[17] 河北省科技厅．河北省高新技术产业统计公报，2013.
[18] 冯康．河北省高新技术企业研发效率研究——基于河北省16家高新技术上市公司［D］．秦皇岛：燕山大学，2012.
[19] 国家统计局．中国高技术产业统计年鉴［R］．2005-2014.
[20] 曹璐．河北省高新技术企业R&D活动的现状及问题分析［J］．中国商贸，2014（18）：110-111.
[21] 韩国高．我国工业产能过剩的测度、预警及对经济影响的实证研究［D］．大连：东北财经大学，2012.
[22] 林毅夫，巫和懋，邢亦青．“潮涌现象”与产能过剩的形成机制［J］．经济研究，2010

(10)：4-19.

[23] 周劲，付保宗．产能过剩的内涵、评价体系及在我国工业领域的表现特征［J］．经济学动态，2011（10）：58-64.

[24] 赵西三，王中亚．我国资源型城市经济转型与发展研究综述［J］．中国国土资源经济，2011（9）：28-31.

[25] John Hum Prey, Hubert Sehmitz. Governance and UPg Rading Linking Industrial Cluster and Global Value Chain Research［M］. Institute of Development Studie, 2000.

[26] 张米尔，武春友．资源型城市产业转型障碍与对策研究［J］．经济理论与经济管理，2001（2）：35-36.

[27] 闫军印，史宝娟，等．矿业城市循环经济系统设计与优化［M］．北京：地质出版社，2009.

[28] 邱松．东北地区资源枯竭型城市经济转型效果研究［D］．长春：吉林大学，2011.

[29] 江飞涛．中国钢铁工业产能过剩问题研究［D］．长沙：中南大学，2008.

[30] 方大春，等．低碳经济的理论基础及其经济学价值［J］．中国人口·资源与环境，2011（7）：91-95.

[31] 李晓华．中国工业的发展差距与转型升级路径［J］．经济研究参考，2013（51）：15-31.

[32] 诸大建．循环经济理论与实践［M］．北京：中国环境科学出版社，2003：96.

[33] 杨晓光．资源型城市转型升级的对策研究——以河南省濮阳市为例［D］．天津：天津大学，2011.

[34] 汪晓文，潘剑虹，等．资源枯竭型城市转型的路径选择——基于经济、社会、资源环境承载力视角的研究［J］．河北学刊，2012（5）：128-131.

[35] 余建辉，张文忠．四类资源城市的四种转型道路——对我国资源枯竭城市转型的思考和建议［N］．中国经济导报，2011-2-15（B01）.

[36] 刘纯彬，张晨．资源型城市绿色转型内涵的理论探讨［J］．中国人口·资源与环境，2009（5）：6-9.

[37] 商允忠，王华清．资源型城市转型效率评价研究——以山西省为例［J］．资源与产业，2012（1）：12-17.

[38] 张友祥，等．论资源型城市可持续发展应处理好的几个关系［J］．经济学动态，2012（4）：80-83.

[39] 姜玉砚．经济转型和城镇化背景下的区域产业布局优化研究——基于山西的实证［J］．城市发展研究，2012（12）：17-20.

[40] 高建民．矿产资源型县域经济发展转型研究——以河北省矿产资源县为例［M］．北京：经济科学出版社，2012.

[41] 王岩，赵海东．矿产资源产业循环经济发展——内蒙古西部地区典型案例的理论研究［M］．北京：经济科学出版社，2008.

[42] 国务院办公厅．全国资源型城市可持续发展规划（2013-2020 年）［EB/OL］．2013. http：//www.gov.cn/zwgk/2013-12/03/content_ 2540070.htm.

[43] 河北省第十一届人民代表大会．河北省“十二五”规划纲要：关于河北省国民经济和社

会发展第十二个五年规划纲要的报告，2011.
［44］河北省人民政府公报．关于加快推进产能过剩行业结构调整的实施意见．冀政〔2006〕91号.
［45］河北省人民政府．河北省环京津地区产业发展规划2010-2015年（冀政〔2010〕89号）［EB/OL］．http：//hebei.hebnews.cn/.
［46］京津冀协同发展领导小组办公室．京津冀协同发展规划纲要［EB/OL］．http：//wenku.baidu.com/.
［47］河北省人民政府．《河北省建设新型城镇化与城乡统筹示范区规划》［EB/OL］．http：//info.hebei.gov.cn.
［48］河北省人民政府．《河北省国民经济和社会发展第十三个五年规划纲要》．［EB/OL］．http：//hebei.hebnews.cn/.

附　表

附表 1　河北省地区生产总值及产业构成变化

年份	生产总值/亿元	第一产业	第二产业			第三产业	人均地区生产总值/元
				工业	建筑业		
1986	436.65	123.45	207.28	185.48	21.80	105.92	782
1987	521.92	137.66	255.97	231.43	24.54	128.29	921
1988	701.33	162.31	323.40	289.22	34.18	215.62	1219
1989	822.83	196.35	374.92	338.79	36.13	251.56	1409
1990	896.33	227.89	387.52	354.26	33.26	280.92	1465
1991	1072.07	236.89	459.91	417.17	42.74	375.27	1727
1992	1278.50	257.08	573.15	517.75	55.40	448.27	2040
1993	1690.84	301.68	847.92	758.10	89.82	541.24	2682
1994	2187.49	451.91	1053.12	926.36	126.76	682.46	3439
1995	2849.52	631.34	1322.77	1150.49	172.28	895.41	4444
1996	3452.97	700.94	1664.61	1463.18	201.43	1087.42	5345
1997	3953.78	761.76	1934.38	1701.42	232.96	1257.64	6079

续附表 1

年份	生产总值/亿元	第一产业	第二产业			第三产业	人均地区生产总值/元
				工业	建筑业		
1998	4256.01	790.60	2084.33	1822.05	262.28	1381.08	6501
1999	4514.19	805.97	2188.59	1895.21	293.38	1519.63	6849
2000	5043.96	824.55	2514.96	2201.73	313.23	1704.45	7592
2001	5516.76	913.82	2696.63	2378.04	318.59	1906.31	8251
2002	6018.28	956.84	2911.69	2580.90	330.80	2149.75	8960
2003	6921.29	1064.05	3417.56	3009.92	407.64	2439.68	10251
2004	8477.63	1333.57	4301.73	3812.31	489.42	2842.33	12487
2005	10012.11	1400.00	5271.57	4704.28	567.29	3340.54	14659
2006	11467.60	1461.81	6110.43	5485.96	624.47	3895.36	16682
2007	13607.32	1804.72	7201.88	6515.32	686.56	4600.72	19662
2008	16011.97	2034.59	8701.34	7891.54	809.80	5276.04	22986
2009	17235.48	2207.34	8959.83	7983.86	975.97	6068.31	24581
2010	20394.26	2562.81	10707.68	9554.03	1153.65	7123.77	28668
2011	24515.76	2905.73	13126.86	11770.38	1356.48	8483.17	33969
2012	26575.01	3186.66	14003.57	12511.60	1491.97	9384.78	36584
2013	28301.40	3500.40	14762.10	13194.80	1567.30	10038.90	38597
2014	29421.20	3447.50	15020.20	13330.70	1702.70	10953.50	39846

附表 2　河北省工业 26 部门直接消耗系数表

	A1	A2	A3	A4	A5	A6	A7	A8	A9	A10	A11	A12	A13
A1	0. 1935	0. 0199	0. 0014	0. 0344	0. 0071	0. 0252	0. 0009	0. 0202	0. 0194	0. 2909	0. 0454	0. 0763	0. 0385
A2	0. 0006	0. 0025	0. 0001	0. 0461	0. 0003	0. 0003	0. 0000	0. 0000	0. 0003	0. 3900	0. 0071	0. 0157	0. 0012
A3	0. 0000	0. 0000	0. 3434	0. 0045	0. 0001	0. 0000	0. 0000	0. 0000	0. 0005	0. 0000	0. 0062	0. 0022	0. 2511
A4	0. 0004	0. 0026	0. 0051	0. 2412	0. 0000	0. 0000	0. 0000	0. 0000	0. 0004	0. 0000	0. 0040	0. 1587	0. 0014
A5	0. 0001	0. 0000	0. 0003	0. 0001	0. 2388	0. 0153	0. 0001	0. 0003	0. 0002	0. 0000	0. 0149	0. 0001	0. 0001
A6	0. 0002	0. 0000	0. 0000	0. 0002	0. 0005	0. 1409	0. 1737	0. 0095	0. 0019	0. 0000	0. 0043	0. 0009	0. 0003
A7	0. 0000	0. 0022	0. 0005	0. 0008	0. 0003	0. 0082	0. 2100	0. 0019	0. 0001	0. 0001	0. 0004	0. 0000	0. 0003
A8	0. 0001	0. 0000	0. 0006	0. 0004	0. 0002	0. 0027	0. 0008	0. 3294	0. 0663	0. 0001	0. 0004	0. 0016	0. 0009
A9	0. 0006	0. 0011	0. 0012	0. 0004	0. 0120	0. 0020	0. 0072	0. 0148	0. 2641	0. 0002	0. 0147	0. 0049	0. 0003
A10	0. 0002	0. 0214	0. 1146	0. 0293	0. 0014	0. 0008	0. 0024	0. 0031	0. 0022	0. 0493	0. 0231	0. 0336	0. 0453
A11	0. 0070	0. 0060	0. 0730	0. 0689	0. 0158	0. 0497	0. 0536	0. 0695	0. 0454	0. 0243	0. 3986	0. 0646	0. 0040
A12	0. 0016	0. 0018	0. 0015	0. 0111	0. 0051	0. 0002	0. 0000	0. 0309	0. 0008	0. 0002	0. 0032	0. 2390	0. 0043
A13	0. 0071	0. 0897	0. 0146	0. 0141	0. 0001	0. 0009	0. 0002	0. 0267	0. 0075	0. 0028	0. 0233	0. 0063	0. 2742
A14	0. 0050	0. 0010	0. 0043	0. 0107	0. 0066	0. 0006	0. 0087	0. 0177	0. 0390	0. 0005	0. 0071	0. 0106	0. 0308
A15	0. 0012	0. 0107	0. 0012	0. 0137	0. 0008	0. 0026	0. 0001	0. 0000	0. 0163	0. 0003	0. 0005	0. 0049	0. 0047
A16	0. 0135	0. 0190	0. 0024	0. 0175	0. 0006	0. 0006	0. 0001	0. 0001	0. 0018	0. 0002	0. 0004	0. 0042	0. 0008
A17	0. 0002	0. 0016	0. 0011	0. 0051	0. 0000	0. 0000	0. 0001	0. 0001	0. 0000	0. 0000	0. 0002	0. 0002	0. 0075
A18	0. 0051	0. 0020	0. 0001	0. 0013	0. 0002	0. 0041	0. 0000	0. 0001	0. 0008	0. 0003	0. 0005	0. 0018	0. 0193
A19	0. 0002	0. 0003	0. 0001	0. 0003	0. 0000	0. 0001	0. 0001	0. 0000	0. 0002	0. 0001	0. 0001	0. 0001	0. 0001
A20	0. 0001	0. 0018	0. 0000	0. 0004	0. 0000	0. 0000	0. 0000	0. 0025	0. 0001	0. 0001	0. 0001	0. 0003	0. 0011
A21	0. 0146	0. 0000	0. 0000	0. 0000	0. 0003	0. 0000	0. 0002	0. 0002	0. 0004	0. 0000	0. 0003	0. 0003	0. 0000
A22	0. 0000	0. 0000	0. 0000	0. 0011	0. 0000	0. 0000	0. 0002	0. 0000	0. 0934	0. 0000	0. 0178	0. 0003	0. 0003
A23	0. 0002	0. 0206	0. 0012	0. 0291	0. 0002	0. 0000	0. 0000	0. 0000	0. 0000	0. 0000	0. 0000	0. 0000	0. 0091
A24	0. 0292	0. 0241	0. 0741	0. 0449	0. 0213	0. 0736	0. 0124	0. 0705	0. 0786	0. 0119	0. 0703	0. 0336	0. 0317
A25	0. 0000	0. 0000	0. 0000	0. 0002	0. 0003	0. 0000	0. 0000	0. 0001	0. 0000	0. 0003	0. 0000	0. 0000	0. 0000
A26	0. 0006	0. 0003	0. 0007	0. 0286	0. 0016	0. 0061	0. 0003	0. 0034	0. 0031	0. 0006	0. 0017	0. 0012	0. 0032

续附表 2

	A14	A15	A16	A17	A18	A19	A20	A21	A22	A23	A24	A25	A26
A1	0. 0039	0. 0049	0. 0029	0. 0030	0. 0010	0. 0003	0. 0000	0. 0216	0. 0011	0. 0032	0. 2274	0. 1343	0. 0006
A2	0. 0014	0. 0023	0. 0003	0. 0007	0. 0002	0. 0002	0. 0000	0. 0000	0. 0000	0. 0004	0. 0281	0. 1380	0. 0000
A3	0. 0026	0. 0015	0. 0006	0. 0000	0. 0009	0. 0000	0. 0000	0. 0000	0. 0000	0. 0000	0. 0000	0. 0000	0. 0000
A4	0. 0025	0. 0001	0. 0007	0. 0000	0. 0011	0. 0000	0. 0000	0. 0000	0. 0000	0. 0010	0. 0003	0. 0000	0. 0000
A5	0. 0001	0. 0001	0. 0001	0. 0001	0. 0000	0. 0001	0. 0006	0. 0001	0. 0000	0. 0000	0. 0000	0. 0001	0. 0000
A6	0. 0008	0. 0004	0. 0010	0. 0002	0. 0087	0. 0009	0. 0000	0. 0732	0. 0000	0. 0002	0. 0000	0. 0027	0. 0002
A7	0. 0000	0. 0010	0. 0009	0. 0003	0. 0001	0. 0009	0. 0000	0. 0031	0. 0000	0. 0047	0. 0000	0. 0007	0. 0000
A8	0. 0008	0. 0042	0. 0019	0. 0005	0. 0008	0. 0001	0. 0008	0. 0050	0. 0000	0. 0044	0. 0001	0. 0000	0. 0001
A9	0. 0041	0. 0047	0. 0020	0. 0137	0. 0067	0. 0053	0. 0474	0. 0313	0. 0001	0. 0008	0. 0012	0. 0011	0. 0068
A10	0. 0044	0. 0099	0. 0022	0. 0043	0. 0100	0. 0012	0. 0051	0. 0029	0. 0002	0. 0026	0. 0050	0. 0016	0. 0014
A11	0. 0141	0. 0091	0. 0202	0. 0323	0. 0941	0. 0391	0. 0378	0. 1451	0. 0293	0. 0804	0. 0011	0. 0078	0. 1275
A12	0. 0021	0. 0012	0. 0024	0. 0057	0. 0304	0. 0014	0. 0065	0. 0051	0. 0000	0. 0125	0. 0028	0. 0000	0. 0187
A13	0. 4782	0. 4037	0. 2877	0. 4090	0. 2287	0. 1844	0. 1820	0. 1527	0. 0160	0. 1941	0. 0032	0. 0480	0. 0037
A14	0. 1600	0. 0097	0. 1573	0. 0177	0. 1360	0. 0161	0. 0335	0. 1046	0. 0001	0. 0411	0. 0051	0. 0361	0. 0004
A15	0. 0018	0. 1439	0. 0488	0. 0319	0. 0301	0. 0031	0. 0258	0. 0206	0. 0000	0. 0273	0. 0052	0. 0001	0. 0010
A16	0. 0001	0. 0154	0. 0398	0. 0014	0. 0184	0. 0005	0. 0032	0. 0000	0. 0000	0. 0049	0. 0001	0. 0072	0. 0036
A17	0. 0001	0. 0041	0. 0053	0. 1036	0. 0002	0. 0001	0. 0001	0. 0001	0. 0000	0. 0371	0. 0001	0. 0000	0. 0002
A18	0. 0042	0. 0215	0. 0202	0. 0300	0. 1227	0. 0631	0. 0670	0. 0056	0. 0000	0. 0131	0. 0929	0. 0764	0. 0003
A19	0. 0047	0. 0029	0. 0133	0. 0047	0. 0083	0. 3207	0. 1407	0. 0005	0. 0000	0. 0050	0. 0004	0. 0076	0. 0001
A20	0. 0007	0. 0043	0. 0005	0. 0015	0. 0039	0. 0020	0. 0342	0. 0003	0. 0000	0. 0010	0. 0003	0. 0000	0. 0034
A21	0. 0000	0. 0014	0. 0006	0. 0000	0. 0000	0. 0025	0. 0008	0. 0794	0. 0000	0. 0167	0. 0002	0. 0001	0. 0000
A22	0. 0015	0. 0000	0. 0000	0. 0000	0. 0017	0. 0000	0. 0000	0. 0000	0. 4386	0. 0070	0. 0000	0. 0000	0. 0000
A23	0. 0000	0. 0022	0. 0000	0. 0065	0. 0004	0. 0000	0. 0000	0. 0000	0. 0010	0. 0226	0. 0207	0. 0000	0. 0000
A24	0. 0311	0. 0239	0. 0279	0. 0113	0. 0187	0. 0258	0. 0279	0. 0237	0. 1459	0. 0673	0. 3311	0. 0969	0. 1160
A25	0. 0002	0. 0015	0. 0000	0. 0000	0. 0000	0. 0000	0. 0000	0. 0000	0. 0000	0. 0000	0. 0000	0. 0580	0. 0000
A26	0. 0004	0. 0017	0. 0012	0. 0005	0. 0036	0. 0015	0. 0012	0. 0024	0. 0001	0. 0005	0. 0029	0. 0877	0. 1376

附表3 河北省工业26部门完全消耗系数表

	A1	A2	A3	A4	A5	A6	A7	A8	A9	A10	A11	A12	A13
A1	0. 2776	0. 0822	0. 1784	0. 1646	0. 0722	0. 1288	0. 0746	0. 1533	0. 1551	0. 4434	0. 2129	0. 2390	0. 2065
A2	0. 0121	0. 0276	0. 0994	0. 1040	0. 0231	0. 0276	0. 0218	0. 0306	0. 0286	0. 4319	0. 0557	0. 0783	0. 0792
A3	0. 0224	0. 0721	0. 5668	0. 0668	0. 0185	0. 0232	0. 0204	0. 0543	0. 0565	0. 0429	0. 0641	0. 0492	0. 5817
A4	0. 0024	0. 0062	0. 0148	0. 3261	0. 0040	0. 0030	0. 0026	0. 0164	0. 0058	0. 0040	0. 0132	0. 2793	0. 0118
A5	0. 0035	0. 0040	0. 0132	0. 0099	0. 3928	0. 0797	0. 0567	0. 0174	0. 0115	0. 0051	0. 0492	0. 0099	0. 0086
A6	0. 0029	0. 0017	0. 0030	0. 0032	0. 0028	0. 1689	0. 2587	0. 0201	0. 0070	0. 0023	0. 0106	0. 0043	0. 0033
A7	0. 0004	0. 0034	0. 0020	0. 0025	0. 0010	0. 0127	0. 2690	0. 0046	0. 0012	0. 0018	0. 0016	0. 0012	0. 0018
A8	0. 0020	0. 0025	0. 0050	0. 0044	0. 0055	0. 0089	0. 0067	0. 4975	0. 1376	0. 0028	0. 0076	0. 0073	0. 0062
A9	0. 0118	0. 0134	0. 0242	0. 0204	0. 0418	0. 0314	0. 0339	0. 0495	0. 3792	0. 0162	0. 0533	0. 0285	0. 0232
A10	0. 0213	0. 0553	0. 2285	0. 0901	0. 0461	0. 0501	0. 0420	0. 0505	0. 0452	0. 0940	0. 0890	0. 0970	0. 1775
A11	0. 0361	0. 0411	0. 2295	0. 2078	0. 1342	0. 1794	0. 2026	0. 2271	0. 1701	0. 0780	0. 7207	0. 2138	0. 1263
A12	0. 0052	0. 0065	0. 0094	0. 0267	0. 0130	0. 0060	0. 0042	0. 0668	0. 0131	0. 0056	0. 0129	0. 3239	0. 0162
A13	0. 0572	0. 1867	0. 1079	0. 1445	0. 0441	0. 0557	0. 0476	0. 1346	0. 1393	0. 1098	0. 1237	0. 1057	0. 5161
A14	0. 0222	0. 0217	0. 0293	0. 0445	0. 0242	0. 0196	0. 0269	0. 0543	0. 0882	0. 0200	0. 0369	0. 0420	0. 0805
A15	0. 0062	0. 0191	0. 0103	0. 0314	0. 0058	0. 0100	0. 0054	0. 0078	0. 0332	0. 0113	0. 0091	0. 0196	0. 0179
A16	0. 0193	0. 0233	0. 0106	0. 0311	0. 0072	0. 0076	0. 0053	0. 0057	0. 0079	0. 0165	0. 0075	0. 0177	0. 0099
A17	0. 0026	0. 0062	0. 0065	0. 0139	0. 0034	0. 0044	0. 0033	0. 0041	0. 0042	0. 0047	0. 0052	0. 0063	0. 0179
A18	0. 0193	0. 0192	0. 0332	0. 0300	0. 0154	0. 0324	0. 0176	0. 0331	0. 0397	0. 0191	0. 0352	0. 0278	0. 0603
A19	0. 0052	0. 0082	0. 0086	0. 0083	0. 0059	0. 0110	0. 0074	0. 0087	0. 0082	0. 0074	0. 0090	0. 0083	0. 0101
A20	0. 0006	0. 0029	0. 0012	0. 0019	0. 0008	0. 0012	0. 0009	0. 0050	0. 0017	0. 0017	0. 0013	0. 0017	0. 0030
A21	0. 0218	0. 0033	0. 0058	0. 0063	0. 0042	0. 0054	0. 0038	0. 0054	0. 0057	0. 0093	0. 0074	0. 0070	0. 0069
A22	0. 0033	0. 0041	0. 0117	0. 0136	0. 0114	0. 0112	0. 0128	0. 0159	0. 2355	0. 0055	0. 0640	0. 0132	0. 0094
A23	0. 0031	0. 0257	0. 0111	0. 0473	0. 0039	0. 0061	0. 0039	0. 0079	0. 0089	0. 0127	0. 0088	0. 0149	0. 0216
A24	0. 0802	0. 0827	0. 2456	0. 1750	0. 1047	0. 2029	0. 1163	0. 2397	0. 2902	0. 0925	0. 2529	0. 1612	0. 1974
A25	0. 0010	0. 0009	0. 0020	0. 0021	0. 0019	0. 0020	0. 0014	0. 0016	0. 0015	0. 0017	0. 0020	0. 0018	0. 0023
A26	0. 0024	0. 0027	0. 0051	0. 0471	0. 0046	0. 0114	0. 0046	0. 0099	0. 0088	0. 0032	0. 0070	0. 0140	0. 0093

续附表 3

	A14	A15	A16	A17	A18	A19	A20	A21	A22	A23	A24	A25	A26
A1	0. 1569	0. 1473	0. 1305	0. 1375	0. 1463	0. 1145	0. 1175	0. 1600	0. 1506	0. 1280	0. 4845	0. 2952	0. 1186
A2	0. 0570	0. 0572	0. 0456	0. 0507	0. 0533	0. 0387	0. 0405	0. 0424	0. 0263	0. 0378	0. 0684	0. 1788	0. 0270
A3	0. 3457	0. 3025	0. 2625	0. 3002	0. 2393	0. 2003	0. 1872	0. 1639	0. 0381	0. 1708	0. 0629	0. 0917	0. 0286
A4	0. 0123	0. 0079	0. 0089	0. 0093	0. 0189	0. 0075	0. 0085	0. 0085	0. 0029	0. 0107	0. 0066	0. 0059	0. 0095
A5	0. 0080	0. 0089	0. 0084	0. 0084	0. 0128	0. 0087	0. 0154	0. 0197	0. 0054	0. 0090	0. 0073	0. 0074	0. 0147
A6	0. 0038	0. 0040	0. 0044	0. 0035	0. 0152	0. 0057	0. 0043	0. 0975	0. 0019	0. 0060	0. 0043	0. 0070	0. 0032
A7	0. 0014	0. 0028	0. 0025	0. 0017	0. 0016	0. 0026	0. 0015	0. 0064	0. 0005	0. 0071	0. 0012	0. 0022	0. 0007
A8	0. 0067	0. 0128	0. 0080	0. 0076	0. 0078	0. 0053	0. 0125	0. 0180	0. 0024	0. 0109	0. 0046	0. 0038	0. 0048
A9	0. 0264	0. 0293	0. 0232	0. 0404	0. 0365	0. 0298	0. 0893	0. 0731	0. 0143	0. 0208	0. 0258	0. 0219	0. 0342
A10	0. 1195	0. 1194	0. 0959	0. 1083	0. 1098	0. 0790	0. 0834	0. 0842	0. 0322	0. 0720	0. 0559	0. 0580	0. 0405
A11	0. 1142	0. 1044	0. 1155	0. 1463	0. 2640	0. 1729	0. 1617	0. 3419	0. 1168	0. 2049	0. 0755	0. 0992	0. 2815
A12	0. 0145	0. 0137	0. 0142	0. 0201	0. 0560	0. 0157	0. 0217	0. 0175	0. 0061	0. 0262	0. 0176	0. 0135	0. 0342
A13	0. 8875	0. 7799	0. 6771	0. 7792	0. 6110	0. 5174	0. 4830	0. 4173	0. 0960	0. 4395	0. 1608	0. 2353	0. 0668
A14	0. 2438	0. 0702	0. 2427	0. 0784	0. 2327	0. 0814	0. 0997	0. 1732	0. 0213	0. 0904	0. 0594	0. 0901	0. 0211
A15	0. 0153	0. 1824	0. 0714	0. 0548	0. 0531	0. 0183	0. 0461	0. 0367	0. 0076	0. 0443	0. 0233	0. 0143	0. 0088
A16	0. 0075	0. 0261	0. 0489	0. 0094	0. 0294	0. 0080	0. 0113	0. 0069	0. 0046	0. 0115	0. 0137	0. 0202	0. 0089
A17	0. 0115	0. 0162	0. 0156	0. 1262	0. 0098	0. 0076	0. 0078	0. 0077	0. 0035	0. 0491	0. 0064	0. 0057	0. 0038
A18	0. 0509	0. 0705	0. 0651	0. 0776	0. 1808	0. 1390	0. 1291	0. 0417	0. 0513	0. 0542	0. 1791	0. 1318	0. 0355
A19	0. 0192	0. 0176	0. 0317	0. 0180	0. 0268	0. 4819	0. 2269	0. 0107	0. 0059	0. 0166	0. 0152	0. 0218	0. 0113
A20	0. 0031	0. 0074	0. 0029	0. 0040	0. 0068	0. 0050	0. 0380	0. 0021	0. 0009	0. 0028	0. 0024	0. 0023	0. 0052
A21	0. 0057	0. 0078	0. 0057	0. 0054	0. 0060	0. 0084	0. 0067	0. 0922	0. 0045	0. 0231	0. 0123	0. 0079	0. 0047
A22	0. 0121	0. 0092	0. 0089	0. 0125	0. 0192	0. 0115	0. 0211	0. 0240	0. 7879	0. 0236	0. 0080	0. 0077	0. 0150
A23	0. 0148	0. 0158	0. 0120	0. 0201	0. 0124	0. 0099	0. 0099	0. 0096	0. 0129	0. 0336	0. 0373	0. 0121	0. 0077
A24	0. 1886	0. 1681	0. 1655	0. 1486	0. 1753	0. 1609	0. 1666	0. 1796	0. 4354	0. 2062	0. 5817	0. 2557	0. 2751
A25	0. 0021	0. 0039	0. 0019	0. 0018	0. 0021	0. 0015	0. 0021	0. 0021	0. 0012	0. 0014	0. 0020	0. 0632	0. 0017
A26	0. 0071	0. 0085	0. 0071	0. 0067	0. 0110	0. 0076	0. 0073	0. 0089	0. 0034	0. 0054	0. 0091	0. 1122	0. 1633

附表 4 河北省工业 26 部门列昂惕夫逆矩阵表

	A1	A2	A3	A4	A5	A6	A7	A8	A9	A10	A11	A12	A13
A1	1.2776	0.0822	0.1784	0.1646	0.0722	0.1288	0.0746	0.1533	0.1551	0.4434	0.2129	0.2390	0.2065
A2	0.0121	1.0276	0.0994	0.1040	0.0231	0.0276	0.0218	0.0306	0.0286	0.4319	0.0557	0.0783	0.0792
A3	0.0224	0.0721	1.5668	0.0668	0.0185	0.0232	0.0204	0.0543	0.0565	0.0429	0.0641	0.0492	0.5817
A4	0.0024	0.0062	0.0148	1.3261	0.0040	0.0030	0.0026	0.0164	0.0058	0.0040	0.0132	0.2793	0.0118
A5	0.0035	0.0040	0.0132	0.0099	1.3928	0.0797	0.0567	0.0174	0.0115	0.0051	0.0492	0.0099	0.0086
A6	0.0029	0.0017	0.0030	0.0032	0.0028	1.1689	0.2587	0.0201	0.0070	0.0023	0.0106	0.0043	0.0033
A7	0.0004	0.0034	0.0020	0.0025	0.0010	0.0127	1.2690	0.0046	0.0012	0.0018	0.0016	0.0012	0.0018
A8	0.0020	0.0025	0.0050	0.0044	0.0055	0.0089	0.0067	1.4975	0.1376	0.0028	0.0076	0.0073	0.0062
A9	0.0118	0.0134	0.0242	0.0204	0.0418	0.0314	0.0339	0.0495	1.3792	0.0162	0.0533	0.0285	0.0232
A10	0.0213	0.0553	0.2285	0.0901	0.0461	0.0501	0.0420	0.0505	0.0452	1.0940	0.0890	0.0970	0.1775
A11	0.0361	0.0411	0.2295	0.2078	0.1342	0.1794	0.2026	0.2271	0.1701	0.0780	1.7207	0.2138	0.1263
A12	0.0052	0.0065	0.0094	0.0267	0.0130	0.0060	0.0042	0.0668	0.0131	0.0056	0.0129	1.3239	0.0162
A13	0.0572	0.1867	0.1079	0.1445	0.0441	0.0557	0.0476	0.1346	0.1393	0.1098	0.1237	0.1057	1.5161
A14	0.0222	0.0217	0.0293	0.0445	0.0242	0.0196	0.0269	0.0543	0.0882	0.0200	0.0369	0.0420	0.0805
A15	0.0062	0.0191	0.0103	0.0314	0.0058	0.0100	0.0054	0.0078	0.0332	0.0113	0.0091	0.0196	0.0179
A16	0.0193	0.0233	0.0106	0.0311	0.0072	0.0076	0.0053	0.0057	0.0079	0.0165	0.0075	0.0177	0.0099
A17	0.0026	0.0062	0.0065	0.0139	0.0034	0.0044	0.0033	0.0041	0.0042	0.0047	0.0052	0.0063	0.0179
A18	0.0193	0.0192	0.0332	0.0300	0.0154	0.0324	0.0176	0.0331	0.0397	0.0191	0.0352	0.0278	0.0603
A19	0.0052	0.0082	0.0086	0.0083	0.0059	0.0110	0.0074	0.0087	0.0082	0.0074	0.0090	0.0083	0.0101
A20	0.0006	0.0029	0.0012	0.0019	0.0008	0.0012	0.0009	0.0050	0.0017	0.0017	0.0013	0.0017	0.0030
A21	0.0218	0.0033	0.0058	0.0063	0.0042	0.0054	0.0038	0.0054	0.0057	0.0093	0.0074	0.0070	0.0069
A22	0.0033	0.0041	0.0117	0.0136	0.0114	0.0112	0.0128	0.0159	0.2355	0.0055	0.0640	0.0132	0.0094
A23	0.0031	0.0257	0.0111	0.0473	0.0039	0.0061	0.0039	0.0079	0.0089	0.0127	0.0088	0.0149	0.0216
A24	0.0802	0.0827	0.2456	0.1750	0.1047	0.2029	0.1163	0.2397	0.2902	0.0925	0.2529	0.1612	0.1974
A25	0.0010	0.0009	0.0020	0.0021	0.0019	0.0020	0.0014	0.0016	0.0015	0.0017	0.0020	0.0018	0.0023
A26	0.0024	0.0027	0.0051	0.0471	0.0046	0.0114	0.0046	0.0099	0.0088	0.0032	0.0070	0.0140	0.0093

续附表 4

	A14	A15	A16	A17	A18	A19	A20	A21	A22	A23	A24	A25	A26
A1	0. 1569	0. 1473	0. 1305	0. 1375	0. 1463	0. 1145	0. 1175	0. 1600	0. 1506	0. 1280	0. 4845	0. 2952	0. 1186
A2	0. 0570	0. 0572	0. 0456	0. 0507	0. 0533	0. 0387	0. 0405	0. 0424	0. 0263	0. 0378	0. 0684	0. 1788	0. 0270
A3	0. 3457	0. 3025	0. 2625	0. 3002	0. 2393	0. 2003	0. 1872	0. 1639	0. 0381	0. 1708	0. 0629	0. 0917	0. 0286
A4	0. 0123	0. 0079	0. 0089	0. 0093	0. 0189	0. 0075	0. 0085	0. 0085	0. 0029	0. 0107	0. 0066	0. 0059	0. 0095
A5	0. 0080	0. 0089	0. 0084	0. 0084	0. 0128	0. 0087	0. 0154	0. 0197	0. 0054	0. 0090	0. 0073	0. 0074	0. 0147
A6	0. 0038	0. 0040	0. 0044	0. 0035	0. 0152	0. 0057	0. 0043	0. 0975	0. 0019	0. 0060	0. 0043	0. 0070	0. 0032
A7	0. 0014	0. 0028	0. 0025	0. 0017	0. 0016	0. 0026	0. 0015	0. 0064	0. 0005	0. 0071	0. 0012	0. 0022	0. 0007
A8	0. 0067	0. 0128	0. 0080	0. 0076	0. 0078	0. 0053	0. 0125	0. 0180	0. 0024	0. 0109	0. 0046	0. 0038	0. 0048
A9	0. 0264	0. 0293	0. 0232	0. 0404	0. 0365	0. 0298	0. 0893	0. 0731	0. 0143	0. 0208	0. 0258	0. 0219	0. 0342
A10	0. 1195	0. 1194	0. 0959	0. 1083	0. 1098	0. 0790	0. 0834	0. 0842	0. 0322	0. 0720	0. 0559	0. 0580	0. 0405
A11	0. 1142	0. 1044	0. 1155	0. 1463	0. 2640	0. 1729	0. 1617	0. 3419	0. 1168	0. 2049	0. 0755	0. 0992	0. 2815
A12	0. 0145	0. 0137	0. 0142	0. 0201	0. 0560	0. 0157	0. 0217	0. 0175	0. 0061	0. 0262	0. 0176	0. 0135	0. 0342
A13	0. 8875	0. 7799	0. 6771	0. 7792	0. 6110	0. 5174	0. 4830	0. 4173	0. 0960	0. 4395	0. 1608	0. 2353	0. 0668
A14	0. 2438	0. 0702	0. 2427	0. 0784	0. 2327	0. 0814	0. 0997	0. 1732	0. 0213	0. 0904	0. 0594	0. 0901	0. 0211
A15	0. 0153	0. 1824	0. 0714	0. 0548	0. 0531	0. 0183	0. 0461	0. 0367	0. 0076	0. 0443	0. 0233	0. 0143	0. 0088
A16	0. 0075	0. 0261	0. 0489	0. 0094	0. 0294	0. 0080	0. 0113	0. 0069	0. 0046	0. 0115	0. 0137	0. 0202	0. 0089
A17	0. 0115	0. 0162	0. 0156	0. 1262	0. 0098	0. 0076	0. 0078	0. 0077	0. 0035	0. 0491	0. 0064	0. 0057	0. 0038
A18	0. 0509	0. 0705	0. 0651	0. 0776	0. 1808	0. 1390	0. 1291	0. 0417	0. 0513	0. 0542	0. 1791	0. 1318	0. 0355
A19	0. 0192	0. 0176	0. 0317	0. 0180	0. 0268	0. 4819	0. 2269	0. 0107	0. 0059	0. 0166	0. 0152	0. 0218	0. 0113
A20	0. 0031	0. 0074	0. 0029	0. 0040	0. 0068	0. 0050	0. 0380	0. 0021	0. 0009	0. 0028	0. 0024	0. 0023	0. 0052
A21	0. 0057	0. 0078	0. 0057	0. 0054	0. 0060	0. 0084	0. 0067	0. 0922	0. 0045	0. 0231	0. 0123	0. 0079	0. 0047
A22	0. 0121	0. 0092	0. 0089	0. 0125	0. 0192	0. 0115	0. 0211	0. 0240	0. 7879	0. 0236	0. 0080	0. 0077	0. 0150
A23	0. 0148	0. 0158	0. 0120	0. 0201	0. 0124	0. 0099	0. 0099	0. 0096	0. 0129	0. 0336	0. 0373	0. 0121	0. 0077
A24	0. 1886	0. 1681	0. 1655	0. 1486	0. 1753	0. 1609	0. 1666	0. 1796	0. 4354	0. 2062	0. 5817	0. 2557	0. 2751
A25	0. 0021	0. 0039	0. 0019	0. 0018	0. 0021	0. 0015	0. 0021	0. 0021	0. 0012	0. 0014	0. 0020	0. 0632	0. 0017
A26	0. 0071	0. 0085	0. 0071	0. 0067	0. 0110	0. 0076	0. 0073	0. 0089	0. 0034	0. 0054	0. 0091	0. 1122	0. 1633

附表5　2012年河北省26工业部门感应度系数和影响力系数表

工业部门	感应度系数	排序	影响力系数	排序
煤炭开采和洗选业	2.459673	4	0.654062	26
石油和天然气开采业	1.183475	8	0.695374	25
金属矿采选业	2.032368	5	1.153841	13
非金属矿和其他矿采选业	0.691548	16	1.053399	19
食品和烟草制品业	0.864473	13	1.032718	22
纺织业	0.620065	18	1.046685	21
纺织服装鞋帽皮革羽绒及其制品业	0.492223	24	1.049234	20
木材加工及家具制造业	0.699243	15	1.144436	14
造纸印刷及文教体育用品制造业	1.080089	10	1.155046	12
石油加工、炼焦及核燃料加工业	1.561400	6	0.975799	23
化学工业	2.687358	3	1.188185	11
非金属矿物制品业	0.745749	14	1.110391	16
金属冶炼及压延加工业	3.769662	1	1.280326	3
金属制品业	1.265699	7	1.316017	2
通用设备制造业	0.687586	17	1.279089	4
专用设备制造业	0.530159	21	1.217223	8
交通运输设备制造业	0.518719	23	1.250659	5
电气机械和器材制造业	1.093740	9	1.346886	1
计算机通信及其他电子设备制造业	1.012614	11	1.240121	7
仪器仪表制造业	0.423962	25	1.209433	9
其他制造业	0.537206	20	1.248292	6
废弃资源综合利用业	0.923410	12	1.097740	17
金属制品机械和设备修理业	0.525129	22	1.065733	18
电力、热力的生产和供应业	2.824835	2	1.198123	10
燃气生产和供应业	0.423090	26	1.115391	15
水的生产和供应业	0.572275	19	0.930284	24

附表 6 2012 年河北省 6 部门投入产出表

（万元）

投入 \ 产出		中间使用							最终使用				总产出
		农业	工业	建筑	交通邮电业	商业餐饮业	其他	中间使用合计	最终消费	资本形成总额	净出口	最终使用合计	
中间投入	农业	7919296	21818433	202977	3324	1155261	362383	31461674	9676199	4254047	8009180	21939426	53401100
	工业	11977973	315758294	35011940	13732975	2961813	14186909	393629904	30041840	29102432	51309021	110453293	504083197
	建筑	810	160034	1423201	136353	60820	204698	1985916	935744	111914474	-59165534	53684684	55670600
	交通邮电业	546194	16965953	1657433	6762563	876729	2395114	29203986	8812004	557579	9721031	19090614	48294600
	商业餐饮业	905961	8289563	940725	508182	568567	2446206	13659204	5367419	3468004	10670673	19506096	33165300
	其他	184266	15974923	1514603	5021903	3410510	16762086	42868291	55977794	3149782	-18051567	41076009	83944300
	中间投入合计	21534500	378967200	40750879	26165300	9033700	36357396	512808975	110811000	152446318	2492804	265750122	778559097
增加值	劳动者报酬	30865100	46706302	8012791	14689600	11879500	24413500	136566793					
	生产税净额	900	21952599	2271329	1017300	5398100	3447200	34087428					
	固定资产折旧	1000600	17820801	919035	1939900	1372300	10414100	33466736					
	营业盈余	0	38636295	3716566	4482500	5481700	9312104	61629165					
	增加值合计	31866600	125115997	14919721	22129300	24131600	47586904	265750122					
总投入		53401100	504083197	55670600	48294600	33165300	83944300	778559097					

附表 7　2012 年河北省 6 部门能源投入产出表

（万元）

投入＼产出		中间使用							最终使用				总产出
		农业	工业	建筑	交通邮电业	商业餐饮业	其他	中间使用合计	最终消费	资本形成总额	净出口	最终使用合计	
中间投入	农业	7919296	21818433	202977	3324	1155261	362383	31461674	9676199	4254047	8009180	21939426	53401100
	工业	11977973	315758294	35011940	13732975	2961813	14186909	393629904	30041840	29102432	51309021	110453293	504083197
	建筑	810	160034	1423201	136353	60820	204698	1985916	935744	111914474	-59165534	53684684	55670600
	交通邮电业	546194	16965953	1657433	6762563	876729	2395114	29203986	8812004	557579	9721031	19090614	48294600
	商业餐饮业	905961	8289563	940725	508182	568567	2446206	13659204	5367419	3468004	10670673	19506096	33165300
	其他	184266	15974923	1514603	5021903	3410510	16762086	42868291	55977794	3149782	-18051567	41076009	83944300
	中间投入合计	21534500	378967200	40750879	26165300	9033700	36357396	512808975	110811000	152446318	2492804	265750122	778559097
增加值	劳动者报酬	30865100	46706302	8012791	14689600	11879500	24413500	136566793					
	生产税净额	900	21952599	2271329	1017300	5398100	3447200	34087428					
	固定资产折旧	1000600	17820801	919035	1939900	1372300	10414100	33466736					
	营业盈余	0	38636295	3716566	4482500	5481700	9312104	61629165					
	增加值合计	31866600	125115997	14919721	22129300	24131600	47586904	265750122					
总投入		53401100	504083197	55670600	48294600	33165300	83944300	778559097					
投入＼产出		农业	工业	建筑	交通邮电业	商业餐饮业	其他	中间使用合计	最终消费	损失量	加工转换量	净流出	一次能源总产出
能源投入	煤炭资源	109.08	15056.11	27.34	31.70	106.56	266.60	15597.38	23910.58	0.00	7611.32	-5427.8	41691.48
	石油资源	279.62	412.00	253.79	780.84	45.61	136.89	1908.75	2330.72	19.01	97.21	148.42	4504.11
	天然气资源	0.00	300.81	1.21	47.80	12.71	18.39	380.91	544.50	0.00	12.34	-393.25	544.50
	电力资源	119.18	2671.53	38.73	86.74	88.86	133.97	3139.00	1045.71	233.72	-2736.93	2101.15	3782.65

附表8 国外学者关于企业创新成功关键因素表

序号	学者	创新成功关键因素
1	Langrish（1971）	杰出人物；认识市场；认识技术的价值；良好合作；获得资源；政府帮助
2	Freeman（1974）	理解用户；关注市场；研发效率；利用外部技术和建议；创新负责人的权威
3	Martin（1976）	明确目标；管理层支持；授权；开发团队；足够的资源；需求计划与回顾
4	Cleland，King（1976）	项目纲要；运作观念；高层支持；财务支持；后勤支持；设备支持；对客户的判断；计划调度；培训；人力资源和组织；信息和沟通渠道；项目回顾
5	Baker，Murphy，Fisher（1983）	目标清晰；团队承诺；项目经理；资金；团队能力；成本估算；最小化的启动困难；不存在官僚作风
6	Locke（1984）	项目承诺；高层授权；有能力的项目经理；沟通程序；进展会议
7	Pinto（1988）	高层支持；人员关系；技术任务；项目的计划与控制；客户沟通；客户接受
8	Rothwell（1994）	项目执行因素；公司层次因素（高层管理创新精神和对创新的支持等）
9	Cooper（1995）	高层承诺；资源支持；高质量的开发过程；清晰的新产品战略；创新氛围；战略聚焦和协同；高素质的开发团队
10	Belassi（1996）	高层的支持；资源可用性；客户咨询；初步估计；项目经理的表现
11	Poolton，Barclay（1998）	高层乐于承受风险；基于创新的长期战略；对主要项目的长期投入；对技术和市场的变化的响应；企业文化支持
12	Leater（1998）	管理层的承诺；支持创新的组织结构和流程；有吸引力的新产品构想；合适的开发团队，足够的资源并能与管理层及市场进行有效沟通
13	Cooper（1999）	听取客户的意见；产品定义；差异化、领先的产品；市场投放；项目中止决策点；跨职能的研发团队；管理培训；产品性能期望明确；设立过程经理
14	Lynn et al.（1999）	高层支持；清晰愿景；清晰的开发过程；团队氛围；团队成员；计划；不断改进和长远眼光；对动态市场需求的认识；吸取经验教训
15	Tishler（1996）	紧迫性；可行性分析；对质量、可靠性、成本的估算；专业素质；团队精神

资料来源：在文丰、翟青“相关学者对创新路径中关键因素的研究”基础上进一步进行整理。

附表 9 国内学者关于企业创新成功关键因素表

序号	学者	创新成功关键因素
1	马驰，贾蔚文（1992）	高层支持；对市场和用户的理解；资金与资源；技术人才与培训；研发能力；信息沟通；知识管理；重视外部创新源；容忍失败；创新激励
2	陈少兵（1995）	领导追求创新；政策环境支持；内外合作关系协调；用户和市场需求；创新资源；系统地选择和管理创新项目；有效的技术开发；产品创新性
3	高建（1998）	高层领导支持；各部门合作；技术带头人；高水平人才；合理的体制；消费者、供应商的合作；政府支持；获得咨询服务；与其他机构合作
4	许小东（2002）	组织高层支持；综合知识技能和技术开发能力；认真尽力与投入；以往的经历；经验教训；活动协调与人员组织；任务难度；市场环境；机遇
5	文丰（2010）	自主创新战略；资金与人才；高层领导重视；激励创新制度安排；准确把握市场和用户需求；研发能力和效率；鼓励创新的企业文化；政府支持；技术学习；对技术变化迅速响应
6	彭海颖（2010）	自主创新动力；创新文化；市场环境；创新风险；创新人才；政府支持；创新资金；技术力量
7	庞瑞芝（2012）	规模要素（经营规模、利润支撑、知识存量）；网络要素（产学研合作、政府支撑）；创新管理（创新战略、产权管理、激励机制）
8	齐二石（2013）	内部因素包括市场因素、战略影响、信息化水平、质量与成本控制方法、工艺创新、设备、资金和人才投入等，外部因素主要包括政府政策、融资环境、产学研合作、替代品情况等

资料来源：在文丰、翟青“相关学者对创新路径中关键因素的研究”基础上进一步进行整理。

附表 10　国外企业创新成功关键因素表

类型	关键因素	频次/次	相关表述
内部因素	创新团队建设	18	授权、开发团队、项目经理、团队承诺、团队能力、项目经理的表现、合适的开发团队、研发团队、团队成员、团队精神、高素质的开发团队、团队氛围、良好合作、组织结构和流程、有效沟通、运作观念、信息和沟通渠道、沟通程序
	关注市场	14	理解用户、关注市场、需求计划、对客户的判断、客户沟通、客户咨询、有吸引力的新产品构想、听取客户的意见、动态市场、需求的认识、对市场变化的响应；认识技术的价值、对技术的响应
	企业家创新意识	12	杰出人物、创新负责人的权威、高层管理、高层承诺、高层支持、高层乐于承受风险、管理层的承诺、高层授权、管理层支持
	资源支撑	11	足够的资源、资源支持、资源可用性、长期投入；财务支持、后勤支持、设备支持；人力资源和组织、培训、专业素质、管理培训
	创新战略	7	明确目标、项目纲要、目标清晰、清晰的新产品战略、战略聚焦和协同、基于创新的长期战略、清晰愿景
	创新项目管理	6	进展会议、计划调度、项目的计划与控制、计划项目回顾、吸取经验教训
	创新环境	2	创新氛围、企业文化支持
外部因素	政府支持	1	政府帮助
	其他组织支持	1	利用外部技术和建议

附表 11　国内企业创新成功关键因素表

类型	关键因素	频次/次	相关表述
内部因素	创新团队建设	16	授权、开发团队、项目经理、团队承诺、团队能力、项目经理的表现、合适的开发团队、研发团队、团队成员、团队精神、高素质的开发团队、团队氛围、良好合作、部门合作、合理的体制、活动协调与人员组织、技术学习、信息化水平、综合知识技能和技术开发能力、对技术变化迅速响应、研发能力和效率
	资源支撑	8	规模要素（经营规模、利润支撑、知识存量）、创新资源、资金与人才、创新资金、技术力量、创新人才、技术带头人
	企业家创新精神	5	企业家创新精神、领导追求创新、高层领导支持、组织高层支持、高层领导重视
	创新项目管理	4	创新规划设计、系统地选择和管理创新项目、以往的经历、经验教训
	创新激励	3	激励机制、激励创新制度安排、知识产权管理制度
	创新环境	3	创新文化建设、企业文化、创新文化
	关注市场	3	用户和市场需求、准确把握市场和用户需求、市场因素
	创新战略	2	自主创新战略、战略影响
外部因素	创新网络	7	创新网络建设、内外合作关系协调、获得咨询服务；与其他机构合作、网络要素（产学研合作、政府支撑）、产学研合作、消费者供应商合作
	政府支持	7	政策支持、政策环境支持、政府支持、政府政策、税费减免
	创新环境	3	市场环境、创新资金支持体系、融资环境

附表 12 全省企业创新成功的影响因素情况表

做出不同影响程度判断的企业占创新企业的比重												
影响因素	有创新精神的企业家				充足的经费支持				高素质的人才			
级别	高	中	低	无	高	中	低	无	高	中	低	无
人数	2	3	4	5	6	7	8	9	10	11	12	13
占比/%	41.5	39.4	8.3	10.7	34.6	42.1	12.6	10.7	43.3	41.4	8.5	6.7
影响因素	员工对企业的认同感				企业内部的激励措施				有效的技术战略或计划			
级别	高	中	低	无	高	中	低	无	高	中	低	无
人数	14	15	16	17	18	19	20	21	22	23	24	25
占比/%	38.3	48.2	8.7	4.7	36.7	48.3	9.4	5.4	34.6	45.9	10.9	8.5
影响因素	畅通的信息渠道				可信赖的创新合作伙伴				优惠政策的扶持			
级别	高	中	低	无	高	中	低	无	高	中	低	无
人数	26	27	28	29	30	31	32	33	34	35	36	37
占比/%	35.5	47.5	10.3	6.7	29.4	46.1	12.5	11.9	31.4	40.7	12.6	15.1

注：此表由调查表 CX13-1-2 13-1 整理得到。

附表 13 企业创新成功关键因素评价表

评价等级	很关键	关键	一般	不关键
企业家精神	√			
经费支持		√		
高素质人才	√			
员工认同		√		
内部激励		√		
技术战略		√		
信息渠道		√		
合作伙伴		√		
政策支持		√		

附表 14 全省企业产品或工艺创新活动的阻碍因素情况（2013—2014 年）

该因素对开展创新活动有较大阻碍的企业占全部企业的比重					
序号	因素	占比/%	序号	因素	占比/%
1	缺乏企业或企业集团内部资金支持的企业	10.701	7	缺乏市场方面的信息	10.697
2	缺乏风险投资支持	6.934	8	很难找到合适的创新合作伙伴	5.74
3	缺乏银行贷款等其他外部资金支持	15.2	9	市场已被竞争对手占领	2.898
4	创新费用方面成本过高	15.762	10	不能确定创新产品的市场需求	10.975
5	缺乏人才或人才流失	23.966	11	创新成果易被竞争对手低成本模仿	4.513
6	缺乏技术方面的信息	15.677	12	暂时没有进行创新的必要	16.489

注：此表由调查表 CX7-1-2 7-1 整理得到。

附表 15 全省企业产品或工艺创新活动的阻碍因素表

序号	1	2	3	4	5	6	7
因素	创新信息	人才支持	外部资金支持	创新成本	内部资金支持	创新合作伙伴	知识产权
占比/%	31.08	19.94	18.42	13.12	8.91	4.78	3.76
程度	非常严重阻碍因素			严重阻碍因素		一般因素	
等级	很关键			关键		一般	

附表 16 河北省企业创新成功关键因素表

因素来源	因素名称	很关键	关键	一般
内部因素	企业家精神	√		
	高素质人才	√		
	创新战略	√		
	创新信息	√		
	内部资金支持		√	
	员工认同		√	
	内部激励		√	
	技术战略		√	
	信息渠道		√	
	知识产权			√
外部因素	政策支持	√		
	外部资金支持	√		
	合作伙伴			√

后　记

技术创新是民族进步的灵魂，是国家兴旺发达的持久动力，是经济可持续发展的必然之路。本书以技术创新理论、区域经济理论、产业经济理论和生态文明理论为指导，以经济发展“新常态”和京津冀协同发展为背景，对河北省经济发展现状、存在问题、河北省经济升级转型路径和保障措施进行了系统研究。研究成果对于河北省加快经济发展、推进城镇化、建设小康社会，推动京津冀协同发展都具有重大意义。

本书首先对河北省经济发展现状和存在问题进行分析。重点研究河北省工业结构的发展趋势，认识在工业结构转型升级中存在的问题，并对河北省能源消耗结构与经济增长之间的关系进行研究，探究河北省能源消耗结构的历史变迁。然后分析河北省企业技术创新对经济增长的促进程度及影响作用，分析影响企业创新绩效的关键因素，提出提高企业创新绩效的路径及对策。并进一步分析河北省高新技术产业科技研发现状和存在问题，研究科技研发活动、技术创新和经济增长之间的逻辑关系，分析河北省高新技术产业科技研发投入产出影响要素，探讨提高河北省高新技术产业科技研发效率的路径和措施。

本书为作者 2018 年承担的河北省社会科学基金项目（项目编号：HB18YJ015）的研究成果。

著　者

2018 年 12 月